Veronika Straaß

# Mit Kindern die Natur entdecken

W0087747

Veronika Straaß

# Mit Kindern die Natur entdecken

88 Ideen
für Spiel und Spaß
rund ums Jahr

blv

# Inhalt

# Einführung

*»Wenn ein Kind seinen angeborenen Sinn für Wunder lebendig halten soll, ... braucht es die Gesellschaft wenigstens eines Erwachsenen, dem es sich mitteilen kann, der mit dem Kind zusammen die Freude, die Aufregung und das Wunderbare der Welt, in der wir leben, wieder entdeckt.«*
*Rachel Carson*

Ganz versunken guckt das kleine Mädchen auf seine Hand, auf der eilig ein Marienkäfer entlangtrippelt. Ein ganz besonderer Marienkäfer, findet sie, denn er hat nicht sieben, sondern nur zwei Punkte. Der Käfer zögert kurz, macht einen kleinen Vorstoß Richtung Mittelfinger, entscheidet sich dann aber für den Zeigefinger und krabbelt ihn zielstrebig entlang. Das kleine Mädchen hat jede seiner Bewegungen genau verfolgt; jetzt hebt es vorsichtig die Hand, der Käfer muss nun bergauf weiterlaufen. Entschlossen arbeitet er sich nach oben, bis er schließlich auf der Fingerkuppe angekommen ist. Das Mädchen hält sich den Finger dicht vor die Augen, sieht sich den schwarz getupften Zwerg aus nächster Nähe an: Die winzigen Krallen an den Käferfüßen kann es gerade noch erkennen, dann die Fühler mit den kleinen »Keulen« am Ende, die hübschen weißen Punkte hinter dem Kopf. Der Käfer wandert unterdessen ein wenig unschlüssig auf der Fingerkuppe hin und her. Sein Weg ist hier auf einmal zu Ende. Hier gibt's nichts zu holen; also weg, woandershin. Unter seinen roten Flügeldecken schieben sich langsam zwei längere durchsichtige Hautflügel hervor. Kurz darauf stellt er die Flügeldecken auf, und Augenblicke später schwirrt er gemächlich davon. Andächtig blickt ihm das kleine Mädchen nach. Diese Szene, wie sie sich wohl jeden Sommer unzählige Male abspielt, wirkt auf den ersten Blick nur anrührend. Aber sie verrät noch weit mehr. Das kleine Mädchen, das einem Marienkäfer auf dem Weg zum Abflug zusieht, hat gelernt,

Rücksicht zu nehmen – sogar auf ein so winziges Tier. Der Käfer hat ihm vielleicht vermittelt, dass Insekten nicht eklig und kein Grund für Gänsehaut sind. Die Kleine kann Abläufe geschehen lassen, ohne selbst die Regie zu ergreifen. Sie hat gelernt, ruhig und gelassen zuzusehen.

Der Umgang mit Pflanzen und Tieren, mit Natur und natürlichen Dingen wirkt sich ungemein anregend auf Menschenseelen aus, das ist mittlerweile allgemein anerkannt. Aber warum ist das so?

## Wald- und Wiesen-Knigge

- Beobachtete Tiere unbedingt zurück an ihren Fundort setzen!
- Keinen Abfall zurücklassen!
- Keine Pflanzen und Tiere mutwillig stören oder gar zerstören!

**1** *Die erste Begegnung mit der Natur ist für viele Kinder ein Marienkäfer, der über ihre Hand krabbelt.*

**2** *Eine Kinderkarawane stapft durch den Wald. Die Augen sind zwar verbunden, aber dafür sind die Ohren gespitzt, die Nasen schnüffeln nach aufregenden Düften und die Füße sind sensibel wie nie.*

Zum Beispiel, weil Spielen in Wald und Wiese der Fantasie keine Fesseln anlegt. Was auch immer gerade bespielt wird, es kann in Gedanken zu jedem gewünschten Ding ergänzt werden. Ein Baumstumpf kann zum Sessel werden oder zum Ladentisch, eine Kastanie kann der Bauch eines Männchens sein, ein Wurfgeschoss oder eine Riesenperle an einer Halskette. Eine Barbiepuppe im Brautkleid dagegen ist immer nur eine Barbiepuppe im Brautkleid. Gleichzeitig anregend und beruhigend sind auch die dezenten Geräusche in der Natur – ein wohltuender Kontrast zur Geräuschüberflutung in der Stadt. Viele Naturklänge sind so unauffällig, dass man sie nur wahrnimmt, wenn man sich auf sie konzentriert. Die Lärmlawine einer modernen Stadtstraße dagegen ist so aufdringlich, dass damit nur zurechtkommt, wer sich abschottet. Isolation statt Konzentration.

Konzentration ist auch gefordert, wenn Kinder sich abseits der Wege stolperfrei bewegen wollen. Kinder, die aus einer Welt der planierten Wege und ebenmäßigen Rasenflächen kommen, rumpeln und taumeln anfangs noch wenig elegant durch den Wald. Doch von Mal zu Mal werden sie sicherer und geschickter. Sie üben ihren Gleichgewichtssinn, trainieren ihre Reflexe und lernen Gangarten kennen, von denen sie bisher vielleicht nicht einmal wussten, dass es sie überhaupt gibt. Sie springen, balancieren, hüpfen, klettern, kriechen und krabbeln und machen die Bewegung selbst zum Spiel. Und sie gewinnen dabei Selbstbewusstsein und Zutrauen in ihre Fähigkeiten. Bisher ahnten sie gar nicht, was sie alles können. Nun wissen sie es, genießen es und haben ihren Spaß dabei.

Natur macht Spaß – aber der entfaltet sich für jede Altersstufe auf andere Weise. Kindergartenkinder mit ihrer schrankenlosen Fantasie begeistern sich für Mär-

1 Hoppe-hoppe Reiter! Baumstämme sind geduldig. Ob Reitpferd, Brücke oder Parcours-Hindernis: Sie fügen sich in jede Rolle.

2 Jeder hat schon mal an einer Blume geschnuppert, aber wer weiß schon, wie Erde riecht? Oder welkes Pappellaub? Oder Sternmoos?

chen und selbst erfundene Geschichten. Für sie ist alles in der Natur Person, von ihrem knorrigen Lieblingsbaum über eine dicke Gewitterwolke bis hin zu einer besonders schönen Blume, die – davon sind sie überzeugt – sprechen kann, wenn man sie nur zu verstehen weiß. Kindergartenkinder unterstellen Tieren und Pflanzen planvolles Handeln, genauso wie sie ja auch selbst ihre Pläne und Absichten haben. Sie ziehen noch keine Grenze zwischen menschlichen und nichtmenschlichen Lebewesen – ein paradiesisches Alter!

Die blühende Fantasie führt allerdings auch dazu, dass Kinder in diesem Alter panische Ängste

**Was in den (elterlichen) Rucksack gehört**

- Regenjacke
- Pflaster für kleine Verletzungen
- Pinzette
- Sonnencreme
- Sonnenkappe
- Insektenmittel
- Toilettenpapier
- Handy

- Getränke
- belegte Brote und Obst
- eventuell eine Isomatte
- Sammelbeutel
- Becherlupe*
- Bestimmungsbücher
- Taschenmesser
- Bindfaden
- (Bunt-)Stifte und Papier

Kinder genießen es, ihren eigenen kleinen Rucksack zu haben, in den sie kleine Plüschtiere und Plastikfiguren, vor allem aber natürlich ihre gesammelten Schätze einpacken können. Alles meins!

\* Becherlupen gibt es in jedem gut sortierten Spielwarenladen.

*Entwickelt Kinder Alte NaturVerständnis*

vor manchen Wesen und Dingen entwickeln können. Ein Baum mit langem Flechtenbehang kann zum erstarrten Riesen werden, eine warzige Erdkröte ist ganz bestimmt eine Hexe. Zum Glück lassen sich aus der Fantasie geborene Ängste oft auch mit Mitteln der Fantasie wieder besänftigen. Wer sagt denn, dass die Kröte nicht in Wirklichkeit eine verzauberte Königstochter ist?

Kinder in den ersten Grundschuljahren wachsen langsam aus der reinen Märchen- und Traumphase heraus. Sie wollen nicht mehr mit einem Stöckchen in gesammelten Eicheln oder Bucheckern herumrühren, sondern »in echt« kochen; sie wollen nicht mehr Ästchen zu Tieren ernennen, sondern mit »richtigen« Tieren zu tun haben. Das Alter von sieben bis etwa neun Jahren ist die richtige Zeit, um zum Beispiel das Verpuppen von Schmetterlingsraupen zu beobachten, Pflanzen anzusäen und ihr Wachstum zu verfolgen und Rücksicht im Umgang mit dem Leben zu vermitteln. Die Meinung darüber, was »eklig« ist, kann sich bei negativen Eindrücken in diesem Alter etablieren – aber auch die Bewunderung und Begeisterung für Natur und Naturvorgänge hat in diesem Alter ihre Wurzeln.

Ab etwa zehn Jahren entwickeln sich verstärkt die persönlichen

### Sicherheitsregeln für kleine Waldläufer

- Nichts essen, was man nicht selbst mitgebracht hat! Zwar gehen die Meinungen darüber auseinander, ob man sich mit dem Fuchsbandwurm infizieren kann, wenn man rohe Beeren und Kräuter isst, aber sicher ist sicher!
- Kein frei lebendes Tier anfassen – weder tot noch lebendig! Wildtiere laufen normalerweise vor dem Menschen davon. Tut ein Tier das nicht, ist es nicht zahm, sondern wahrscheinlich krank.
- Jeden Abend ist Zecken-Appell! Zecken können unangenehme Krankheiten übertragen – aber Panik wäre trotzdem verfehlt. Nur ein Bruchteil der Zecken trägt Erreger in sich, und nur ein Bruchteil dieser Krankheitsträger gibt den Erreger beim Stich an den Menschen weiter.
- Achtung bei Kiesgruben! Steilere Hänge können leicht ins Rutschen kommen. Es sind schon Kinder dabei verschüttet worden. Macht man um solche Hänge aber einen Bogen, sind Kiesgruben wunderbare Spielplätze.
- Vorsicht bei gelagerten Baumstämmen! Bevor man darauf herumtobt, muss sicher sein, dass die Stämme stabil liegen und nicht ins Rollen kommen können.

Interessen. Die Kinder beginnen, sich künstlerisch, pantomimisch, tänzerisch und musikalisch auszudrücken. Kinder in diesem Alter möchten oft etwas Eigenes haben, ein eigenes Beet, ein eigenes Tier. Sie begnügen sich nicht mehr damit, Tiere, Pflanzen und Prozesse in der Natur zu bestaunen, sie wollen die Hintergründe erfahren und beginnen, nach dem Wie der Abläufe zu fragen. Jetzt ist die richtige Zeit für Experimente gekommen.

Für die Elf- bis Zwölfjährigen schließlich bricht das Robinson-

alter an. Sie sehnen sich nach Abenteuern und Heldentaten, sie suchen sich Idole und eifern ihnen nach. Ihre innere Heimat ist das »Rudel«, und im Rudel wollen sie sich bewähren und bemerkbar machen.

Ob Kleinkinder in die Welt der Wurzelzwerge eintauchen, ob Grundschulkinder Zweighütten bauen und Fühlpfaden folgen oder ältere Kinder ihre ersten Experimente machen und begeistert miterleben, wie ihre Versuche »echt funktionieren« – für sie alle gilt: Sie empfinden sich in die Natur eingebunden.

# Mit allen Sinnen

Wenn wir als Kinder – selten genug – in der Stadt in einem Kaufhaus unterwegs waren, bekamen wir von meiner Mutter regelmäßig die Ermahnung zu hören: »Aber nicht alles anfassen!« Stimmt, Kinder müssen alles anfassen – zum Glück! Sie nehmen die Welt noch nicht allein mit den Augen wahr, wie Erwachsene das so gerne tun. Für sie ist ebenso wichtig, was ihre Nase, ihre Ohren und Hände ihnen erzählen. Sie »schauen« mit den Fingern. Sie besehen sich Herbstblätter nicht nur, sondern rascheln begeistert mit den Füßen hindurch und schnuppern daran. Sie gucken sich eine Kröte nicht nur an, sondern wollen ihre warzige Haut befühlen – selbst wenn manche das nur mit einer Spur Gänsehaut können. Sie streicheln sich mit einer Feder übers Gesicht und stippen ihre Zungenspitze neugierig auf einen Tropfen Baumharz. Sie begeistern sich am Spiel mit dem Gleichgewicht, entdecken plötzlich, dass sie eine Menge Zehenspitzengefühl haben, und merken beglückt, was sich alles damit anstellen lässt.

Wollen sich Erwachsene einen Eindruck von etwas verschaffen, dann kündigen sie an: »Ich werf mal ein Auge drauf.« Kinder müssten eigentlich sagen: »Ich werf *mich* drauf« – mit allen Fasern, mit allen Sinnen. Sie tauchen ein mit ihrem ganzen Wesen. Und wenn Erwachsene ihnen dabei zusehen, steigt oft ein wenig Neid in ihnen auf. Aber was hindert uns eigentlich daran, einfach einmal mitzumachen? Wie lange ist das her, dass wir uns zuletzt in einen Haufen Blätter geworfen und darin herumgewühlt haben? Also abgemacht: Der nächste Laubhaufen muss dran glauben, bei Klein und Groß!

# Frühling – die Rückkehr der Farben und Düfte

*Kein Zweifel: Schnee und Eis sind wunderschön. Aber wer empfindet nicht trotzdem Erleichterung, wenn im Frühling die Nase endlich wieder etwas zu tun bekommt, wenn man Baumrinde wieder mit den Fingerspitzen befühlen kann, ohne sich dabei blau gefrorene Hände zu holen, wenn wieder Vogelgesang und Insektensummen die Luft erfüllen?*

## Minzenauslese und Nesselspinat

Ich erinnere mich noch gut daran, wie mir meine Mutter zum ersten Mal ein zerriebenes Blättchen Pfefferminze unter die Nase hielt: »Da, riech mal!« Andächtig schnüffelte ich. Bis dahin war Natur für mich ein Platz zum Toben gewesen, mit

**Alter:** ab 4 Jahren
**Material:** Wildkräuter (z. B. Pfefferminze, Frauenmantel, Taubnessel, Gänseblümchen); für die Verarbeitung Bindfaden und eine Schere; für das Wildspinatrezept einen Kochtopf, Kochlöffel, 1 Zwiebel, Messer, Schneidebrett, 1 Esslöffel Butter, etwas Sahne, Salz und Pfeffer
**Schwierigkeitsgrad:** leicht (dezente elterliche Aufsicht beim Sammeln und Kochen ratsam)

Sträuchern als Mobiliar, Bäumen als Turngerät und einer Menge Grünzeug als Fußbodenbelag. Aber dass manche Pflanzen so unverwechselbar riechen und dass man einige sogar essen oder als Tee trinken kann, das faszinierte mich. Die erste Tasse »selbst gebastelten« Tee trank ich geradezu mit Ehrfurcht. Der Frühling ist die beste Jahreszeit, um Pflanzen für Tee oder Wildgemüse zu sammeln. Jetzt vor der Blüte haben die Kräuter den intensivsten Geschmack und die besten Inhaltsstoffe. Die verschiedenen Pfefferminzarten sind ideale Pflanzen für Einsteiger. Wo sie vorkommen, wachsen sie meist so reichlich, dass auch emsige Sammeleinsätze keinen Kahlschlag hinterlassen. Außerdem können auch kleinere Kinder das Kraut leicht erkennen. Allerdings sollte ein Erwachsener die Ernte vorsichtshalber noch einmal durchsehen, bevor sie verarbeitet wird. Und

falls man sich nicht ganz sicher ist, ob auch wirklich Pfefferminze geerntet worden ist: Blättchenreiben genügt, und man weiß Bescheid.

### Coole Kräuterküche

Eine gesunde Anreicherung des Pfefferminztees ist **Frauenmantel**. Die wunderschön geformten tellerförmigen Blätter der Pflanze sehen mit etwas Fantasie tatsächlich dem Mantel der Madonna, dem »Frauenmantel«, ähnlich; die winzigen gelbgrünen Blüten duften ein wenig nach Honig. Ob man nun die ganze Pflanze oder nur die Blätter sammelt, auf jeden Fall sollte die Ernte erst später am Tag beginnen, wenn das Kraut trocken ist. Auch **Brombeerblätter** sind ein gutes Sammelobjekt für kleine

Teetrinker: Brombeerranken sind unverwechselbar und wachsen in so dichten Beständen, dass der Sammelkorb im Nu voll ist. Und wer der selbst zusammengestellten Mischung noch eine fruchtigere Note geben will, kann nach Geschmack Apfelsaft hinzufügen. Eine weitere »sichere« Pflanze, die sich kaum verwechseln lässt, ist die **Weiße Taubnessel**. Sie sieht der Brennnessel täuschend ähnlich, wehrt sich aber nicht mit Stechhaaren gegen die Berührung. Früher nannte man sie deshalb auch »tumbe Nessel«, also dumme Nessel. Ob dumm oder schlau, jedenfalls lässt sich aus Taubnesselblättern bester Wildspinat köcheln: Die Blätter vom Stängel abstreifen, waschen und klein hacken oder zerzupfen. In einem Topf eine Handvoll gehackte Zwiebeln in Butter glasig dünsten, dann die gehackten Blätter dazugeben und bei schwacher Hitze mitdünsten. Zuletzt einen Schuss Milch oder Sahne dazu, nach Geschmack etwas Salz und Pfeffer darüber, fertig! Auch kleinere Kinder können bei diesem einfachen Rezept schon helfen. Sie dürfen zum Beispiel die Blätter vom Stängel abstreifen und sie zerzupfen, dürfen umrühren und die Sahne zugeben. Seltsam: Wildspinat, der selbst gesammelt und verarbeitet worden ist, schmeckt selbst eingeschworenen Gemüsemuffeln.

1 *Pfefferminze in all ihren Varianten ist das richtige Einstiegskraut für künftige Kräuterhexen.*

2 *Nektarernte wie bei den Bienen: Die beiden Mädchen saugen geduldig den süßen Saft aus den Blütenröhren der Taubnesseln.*

## Blinder Osterhase

An Ostern werden alle Kinder zu Fahndern. Mit Argusaugen schleichen sie durch Garten, Wald und Wiese und stürzen sich begeistert auf alles, was glitzert und nach Schokoladeninhalt aussieht. Wer einen Adlerblick hat, für den ist die klassische Ostereiersuche ein Riesenspaß mit lohnendem Ertrag. Weniger findige Kinder dagegen sind regelmäßig enttäuscht, wenn sie ihren mickrigen Fund mit der stattlichen Ernte anderer vergleichen. Was tun? Einfach die Augen ausschalten und stattdessen andere Sinne einsetzen! Wer keinen guten Suchblick hat, der besitzt vielleicht ungewöhnlich empfindsame Fingerspitzen oder Zehen. Wer weiß? Ein unterhaltsames Spiel für sensible Füße und Hände ist der »blinde Osterhase«. Er tappt buchstäblich im Dunkeln und ist nur mit Zehen- und Fingerspitzengefühl unterwegs. Die Vorbe-

**Alter:** ab 4 Jahren
**Spielplatz:** ein freier Platz ohne Hindernisse
**Material:** ein dickes, mehrere Meter langes Seil, ein Tuch (um die Augen zu verbinden), Oster-Süßigkeiten und bunt gefärbte gekochte Eier
**Schwierigkeitsgrad:** leicht

13

reitungen sind schnell getroffen: In ein dickes Seil werden in unregelmäßigen Abständen Knoten geknüpft. Anschließend wird das Seil in Windungen und Schlangenlinien über den Boden gelegt. Das Wichtigste: An jedem Knoten wird eine kleine Osterüberraschung deponiert. Nun werden dem Kind die Augen verbunden und es tastet sich barfuß am Seil entlang. Jedes Mal, wenn es mit seinen Zehen einen Knoten erfühlt hat, lohnt sich ein Kniefall, denn dort wartet ein Schokohäschen, ein Osterei oder etwas anderes Leckeres. Nun müssen die Oster-

naschereien an den Knotenpunkten ertastet werden: Sie liegen nämlich nicht direkt am Seil – das wäre viel zu einfach –, sondern in einem Umkreis von etwa einer Armlänge.

Natürlich lässt sich der Seiltrick beliebig abwandeln: Statt der Knoten können auch andere Dinge die Stopppunkte markieren. Wenn zum Beispiel in unregelmäßigen Abständen Zeitungspapier um das Seil geknüllt wird, kann der blinde Osterhase die Haltepunkte mit den nackten Zehen nicht nur erfühlen, sondern auch hören: Wo's raschelt, wartet etwas zum Naschen.

## Tag des Baumes

Am 25. April wird im ganzen Land der Tag des Baumes gefeiert. Vor über 50 Jahren hat Deutschland diese Idee von den Vereinigten Staaten übernommen; seither werden jedes Jahr am Tag des Baumes Millionen von Bäumen gepflanzt, und jedes Jahr steht eine andere Baumart im Mittelpunkt. Natürlich können wir nicht einfach mit einem Korb voll Schösslinge losziehen und irgendeine Waldwiese mit neuen Bäumchen beglücken, aber wir können in Kindern ein Bewusstsein für Bäume wecken. Am schönsten ist es, wenn die Kinder sich am Tag des Baumes ihren ganz speziellen Baum aussuchen und Freundschaft mit ihm schließen. Vielleicht fällt die Wahl auf eine ganz bestimmte Birke, Buche oder Weide, weil sie genauso groß ist wie das Kind? Oder ein Kind findet die Blätter eines bestimmten Baumes besonders hübsch? Oder vielleicht ist der Stamm gerade so dick, dass man ihn noch mit beiden zusammengelegten Händen umfassen kann?

### Eiche Erwin und Buche Birgit

Sobald feststeht, welchem Baum die Ehre der Freundschaft erwiesen wird, muss er einen Namen bekommen. In einem kleinen

1 Auch ein blinder Osterhase findet mal ein Ei!
Wer mit verbundenen Augen auf Eiersuche geht,
muss viel Zehenspitzengefühl haben.

2 Rindenbild: Einfach ein Blatt Papier auf den
Stamm legen und mit dem Stift darüberfahren –
fertig!

3 Eine Eiche ist in einem feierlichen Ritual auf den
Namen »Erwin« getauft worden.

Ritual wird er feierlich getauft (unsere beiden Töchter Anna und Lena erkoren zum Beispiel gemeinsam die Eiche in unserem Garten zu ihrem Baumfreund und tauften sie auf den Namen Erwin). Der Name wird auf ein Papptäfelchen geschrieben und dem Baum mit Gummiband an einen Ast gehängt. Warum Gummiband? Weil Ahorn, Eiche, Birke, Buche dann weiterwachsen und dicker werden können, ohne dass sich das Band in ihre Rinde einschneidet.

Von nun an wird das Wohlergehen des Baumes liebevoll und aufmerksam verfolgt. Wann öffnen sich die ersten Blätter?

Wann blüht er? Falls es ein größerer Baum ist: Welche Tiere wohnen auf ihm? Hat er beim letzten Sturm Äste verloren? Um wie viel wächst er im Lauf eines Jahres? Bei höheren Bäumen kann man zwar die Höhe nur noch schätzen, aber der »Taillenumfang« lässt sich jedes Jahr genau nachmessen.

Am schönsten ist es, wenn das Jahr von Ahorn Erwin oder Buche Birgit in einem kleinen Baumalbum beobachtet und aufgeschrieben wird. Blätter und Blüten können gepresst und eingeklebt oder auf Papier durchgerubbelt werden. Auch von der Rinde lassen sich leicht Rubbel-

bilder basteln. Die Herstellung solcher Bilder ist kinderleicht: Man legt ein Blatt Papier auf das Blatt oder die Blüte oder hält es auf die Rinde und fährt mit einem schräg gehaltenen weichen Bleistift so lange vorsichtig darüber, bis sich die Strukturen durchgedrückt und abgebildet haben.

**Alter:** ab 4 Jahren
**Spielplatz:** Mischwald
**Material:** Pappe, Buntstifte, Schreibblock, Bestimmungsbücher
**Schwierigkeitsgrad:** leicht

**1** *Vorsichtig macht sich die Tausendfüßer-Kinderkarawane auf den Weg. Kein Luftballon darf herunterfallen.*

**2** *Krötenmänner lassen sich von ihren Frauen huckepack zum Laichtümpel tragen. Und wenn es zu wenig Weibchen gibt? Dann reiten sie eben zu mehreren auf einer Krötenfrau. Die Arme!*

## Tausendfüßer

Wenn Kinder im Wald unterwegs sind, lose Rindenstückchen ablösen, in morschen Baumstümpfen herumstochern und in der Laubstreu wühlen, finden sie neben vielen anderen Krabbeltieren auch mal einen Tausendfüßer. Die Biologen, die diesen Tierchen ihren Namen gegeben haben, müssen von dem Beingewimmel mächtig beeindruckt gewesen sein, denn mal ehrlich:

**Alter:** ab 6 Jahren
**Spielplatz:** Mischwald
**Material:** aufgeblasene Luftballons
**Mitspieler:** mindestens 3 Kinder
**Schwierigkeitsgrad:** erfordert gute Koordination und Kooperation

Auf 1000 Füße kommt kein Tausendfüßer. Ein paar tropische Arten bringen es immerhin auf etwa 500 Füße, doch unsere einheimischen Tausendfüßerarten krabbeln »nur« auf 200 Beinen durchs Leben – aber natürlich sieht auch das schon bemerkenswert aus. Wie schaffen sie es nur, nicht über ihre eigenen Füße zu stolpern? Müssten sie sich nicht ständig selbst auf die Zehen steigen oder sich in ihrem Beinwirrwarr verheddern?

Am besten, wir probieren selbst mal aus, wie ein Tausendfüßer geht. Die Kinder stellen sich hintereinander auf. Etwa in Brusthöhe zwischen zwei Kindern wird jeweils ein Luftballon eingeklemmt. Nun setzt sich die Karawane langsam in Bewegung. Jedes Kind muss beim Gehen zu seinen Nachbarn gerade so viel Druck aufrechterhalten, dass der Luftballon nicht herunterfällt; andererseits darf der Druck auch nicht so stark sein, dass der Ballon zerplatzt. Es ist gar nicht so einfach, sich an die richtige Portion Druck heranzutasten. Und natürlich – das ist Ehrensache! – dürfen die Hände nicht eingesetzt werden, um die Ballons an ihrem Platz zu halten.

Wenn der menschliche Tausendfüßer ein wenig in Übung gekommen ist, kann er sich auch schwierigere Routen zumuten. Er kann über Baumstämme balancieren, sich um Stämme schlängeln und unter Ästen durchducken. Sogar Wettkämpfe können ausgefochten werden: Die Tausendfüßermannschaft, die ihre Luftballons ohne Absturz bis zum Schluss komplett behalten hat, ist Sieger.

## Kröten-Feeling

Kaum ist im Frühjahr der Schnee geschmolzen, gehen die Erdkröten auf Wanderschaft. Oft hüpfen sie kilometerweit, um zu genau dem Tümpel zu kommen, in dem sie selbst aus ihrer gallertigen Eihülle gekrochen sind. Die Hochzeit läuft nach altem Krötenbrauch folgendermaßen ab: Jedes Männchen umklammert ein Weibchen unterhalb der Vorderbeine und lässt sich von ihm huckepack in den Laichtümpel tragen.

Bei Erdkröten sind übrigens die Damen das starke Geschlecht; sie sind viel größer und schwerer als die Männchen. Während die Krötenfrau im Tümpel ihre langen Laichschnüre abgibt, werden

sie vom Männchen, das immer noch auf seinem Rücken sitzt, befruchtet.

Normalerweise erreichen die Krötenmännchen als Erste den Laichtümpel und warten ungeduldig darauf, dass die Weibchen endlich ankommen. In dieser Wartezeit sind sie so aufgeregt und so sehr in Hochzeitsstimmung, dass sie alles Mögliche in die Zange nehmen, selbst wenn es nicht im Entferntesten an eine Krötenfrau erinnert. Das kann ein anderes Männchen sein, ein Fisch, sogar ein Stück Holz.

Schiebt man so einem aufgeregten Krötenmann zwei Finger unter die Brust, klammert er sich daran fest wie ein kleiner Schraubstock. Schmerzhaft ist der Griff überhaupt nicht, wohl aber erstaunlich energisch. Kinder, die sich von einem Krötenmännchen »umarmen« lassen wollen, sollten vorher unbedingt vertraut mit den Kröten sein und keinerlei Ekelgefühle vor diesen Tieren empfinden. Nur dann ist sichergestellt, dass sie nicht vor dem unerwartet kräftigen Griff erschrecken und die Kröte wegschlenkern, was das Tier kaum ohne Verletzungen überstehen dürfte!

Kinder, die eine gewisse Scheu vor Kröten haben, können einen anderen kleinen Versuch machen: Sie können ein Krötenmännchen von hinten leicht (!)

um die Taille fassen. Prompt wird es einen hohen Flötenton von sich geben, der wie »trüt« klingt, und mit seinen Hinterbeinen strampeln. Das Männchen hat nämlich den leichten Griff der Kinderhand für einen Rivalen gehalten und signalisiert ihm, dass er sich in der Adresse geirrt hat: »Ich bin kein Weibchen! Lass mich gefälligst los und such woanders weiter!«

Ein guter Einstieg für ältere Kinder, um die Scheu vor Kröten zu verlieren, ist der alljährliche Einsatz der Naturschutzverbände: Zur Zeit der Krötenwanderungen sind Freiwillige hochwillkommen, die Kröten auf die andere Straßenseite bringen und die Krötenzäune kontrollieren. Es soll kernige 10-jährige Kraftmeier geben, die angesichts der hilflosen Kröten plötzlich ihre Beschützerinstinkte entdeckt haben.

**Alter:** ab 6 Jahren
**Beobachtungsort:** Tümpel und Seeufer, wo sich im zeitigen Frühjahr Erdkröten versammeln
**Schwierigkeitsgrad:** Einfühlungsvermögen und Rücksichtnahme sind die wichtigsten Voraussetzungen für den Kröten-Flirt (Aufsicht durch einen Erwachsenen ist hier absolutes Muss!)

# Sommer – barfuß durchs Heu

*Hat Wärme einen bestimmten Geruch? Aber ja! Sommerwärme, das ist der Geruch von Heu, das sind die Duftschwaden von blühenden Holunderbüschen und Linden. Sommerwärme, das ist auch die Zeit, in der Schuhe unbenutzt in der Ecke stehen bleiben und man die Welt mit nackten Füßen befühlen und erobern kann.*

## Holundergelee

Ein Holunder am Haus war für unsere Ahnen eine Kombination aus Hausapotheke, privatem Wachdienst und Brandschutzversicherung. Sie waren überzeugt, dass der Strauch sie vor Feuer und Blitzschlag, vor Schlangenbissen und Mückenstichen schützen würde. Aus Wurzeln, Blättern, Blüten und Beeren stellten sie alle Arten von Heilmitteln her, außerdem galt der Busch als Wohnort der guten Hausgeister und als wirksamer Schutz gegen deren böse Gegenspieler.

Zwar denkt beim Anblick eines Holunders heute wohl kaum jemand mehr an Hausgeister, aber noch immer haben die stattlichen Sträucher ihren festen Platz neben Feldscheunen und Wohnhäusern, noch immer ist der Geruch ihrer Blüten der Duft des Frühsommers. Und das Schönste ist, man kann diesen Sommerduft sogar aufheben und mit in den Winter nehmen. Das Rezept ist ganz einfach: 20 voll aufgeblühte große Holunderdolden pflücken und vorsichtig abklopfen, bis keine Käfer und Blattläuse mehr daran sitzen. Dann die Blüten mit 850 ml Wasser übergießen, das man zuvor mit einem Beutel Zitronensäure und 500 g »Gelierzucker 2:1« vermischt hat. Das Ganze muss zunächst 48 Stunden lang an einem warmen Platz durchziehen, damit das Aroma der Blüten ins Wasser übergeht; dann wird die Flüssigkeit abgeseiht. Nun die holunderduftende Flüssigkeit zum Kochen bringen und vier Minuten lang sprudelnd kochen (die genaue Anleitung steht auf der Tüte des Gelierzuckers). Den Sud kochend heiß in heiß ausgespülte Gläser füllen, mit ebenfalls heiß ausgespülten

Schraubdeckeln verschließen, umdrehen und auf dem Kopf stehend abkühlen lassen. Schon die Kleinen können helfen, die Blüten zu pflücken, die Käfer abzuklopfen und den Gelierzucker in das noch kalte Wasser zu rühren. Das Hantieren mit der heißen Flüssigkeit und den heißen Gläsern sollten allerdings nur Erwachsene oder größere Kinder unter Aufsicht übernehmen.

## Fühlpfad

»Ey, cool, hast du das gesehen? Das musst du dir anschauen!« Die Kinder haben irgendetwas Fantastisches entdeckt und quietschen in den höchsten Tönen. Was auch immer sie so begeistert, sie rufen jedenfalls nicht: »Das musst du mal anfühlen!« oder »Riskier mal 'ne Nase voll von dem Zeug hier! Das bringt's voll!« Sie haben zunächst mal nur vom Augenschein erzählt.

Wir Menschen sind eben einfach »Augentiere«. Besonders Erwachsene schätzen die Welt vor allem nach dem ein, was sie von ihr sehen, was ihnen »ins Auge fällt«. Was Nase, Tastsinn und Ohren zu melden haben, ist oft nebensächlich. Aber das lässt sich ja ändern. Wie wär's, wenn

**Alter:** ab 4 Jahren
**Material:** Holunderblüten, Zitronensäure, »Gelierzucker 2:1«, saubere Schraubdeckelgläser, ein Sieb, ein Kochtopf mit Deckel
**Schwierigkeitsgrad:** leicht

1 *Der Duft von Holunderblüten ist das Markenzeichen des Frühsommers. Unsere Vorfahren waren überzeugt, dass sich in Holunderbüschen Schutzgeister für Haus und Hof niederlassen. Aus den Blüten kann man ein köstliches Gelee herstellen.*

wir ein Stück Waldboden mal nicht mit den Blicken, sondern zur Abwechslung mit den Füßen kennenlernen? Wenn wir den Pfad, auf dem wir gehen, nicht ansehen, sondern anfühlen? Damit der Fühlpfad nicht zu gleichförmig ist, wird aus verschiedenartigen Materialien ein Parcours angelegt: Tannennadeln, Moos und Sägemehl, Kiesel, Laub, Schlamm und Sand eignen sich gut als Belag dafür. Nun werden einem Kind die Augen verbunden, und ein anderes darf den »Blinden« über die verschiedenen Bodenbeläge führen. Zunächst muss sich natürlich jedes Kind an die neue Art der Fortbewegung gewöhnen; es muss Vertrauen zu seinem »Blindenhund« fassen und sich allmählich darauf einstellen, dass jetzt nicht mehr seine Augen,

sondern seine Füße der Kontakt zur Außenwelt sind. Sobald die ersten Unsicherheiten überwunden sind, lernen die Kinder nach und nach, auf ihre Füße zu achten. Sie merken, wie unterschiedlich sich die verschiedenen Untergründe anfühlen – mal körnig, mal bröselig, dann wieder glitschig oder hart und glatt; und sie stellen fest, dass der eine Belag Wärme speichert, der andere dagegen Kälte abstrahlt.

## Schnitzeljagd wie im Märchenbuch

Wenn alle Kinder mit dem Fühlpfad vertraut sind, können sie sich auch auf Hänsel und Gretels Spuren begeben. Bekanntlich waren Hänsel und Gretel die Erfinder der Schnitzeljagd: Sie fanden ihren Weg zurück nach Hause, indem sie den Kieseln folgten, die sie zuvor beim Herumirren im Wald ausgestreut hatten. Bei dieser Spielvariante bekommt ein Kind die Augen

**Alter:** ab 4 Jahren
**Material:** Stroh, Heu, Moos, Laub, Kieselsteine, Lehm und andere begehbare Naturmaterialien, ein Tuch zum Augenverbinden, Süßigkeiten, Würstchen, Obst und andere Lebensmittel für den Schlaraffenbusch, Steine
**Mitspieler:** mindestens 3 Kinder; je mehr, desto besser
**Schwierigkeitsgrad:** leicht

19

verbunden, während ein anderes mit glatten Steinchen (spitze tun – autsch! – beim Drauftreten weh!) eine verschlungene Route streut. Wichtig ist dabei, dass die Steine nicht zu klein sind und dass der Untergrund einigermaßen frei von Blättern und Zweigen ist, sonst können »Hänsel« oder »Gretel« die Steine nicht mehr fühlen. Das »verirrte Kind« muss sich nun mit seinen nackten Füßen an der Steinspur entlangtasten, bis es schließlich an einem Kreis aus Steinen ange-

langt ist, der das Ende des Weges markiert.

Das Schönste wäre nun natürlich ein stilechtes Hexenhäuschen samt Lebkuchen und Süßkram als Zielpunkt aller Steinrouten, denn schließlich fanden ja auch Hänsel und Gretel erstklassige Verpflegung am Ziel ihrer Irrwege.

Nun lassen sich Hexenhäuschen kaum mit vertretbarem Zeitaufwand installieren, doch auch eine weniger aufwendige Variante macht viel Spaß: der Schla-

raffenbusch. Ein Strauch wird üppig mit Würstchen, Brezeln, Plätzchen, kleinen Bündeln aus Gummibärchen, Obst, Tüten voller Fruchtsaft und anderen Leckereien behängt. Und wie im Märchen vom Schlaraffenland lassen sich auch am Schlaraffenbusch alle das Essen einfach in den Mund wachsen. Mit anderen Worten: All die leckeren Dinge müssen mit dem Mund allein vom Busch gepflückt werden! Die Hände bleiben dabei auf dem Rücken.

1 Fühlpfad: Sensible Füße tasten sich über Kies, Lehm und Moos.

2 Los geht's zur Schatzsuche im Heuhaufen!

3 Das Staffelholz wandert von einem Fuß zum andern.

**Alter:** ab 4 Jahren
**Material:** Heu, Gummibälle,
kleine Teddybären, Kreisel,
Zauberstifte und andere
kleine Gewinne, 2 Würfel
**Mitspieler:** mindestens 3 Kinder; je mehr, desto besser
**Schwierigkeitsgrad:** leicht

## Schatzsuche im Heuhaufen

Heuhaufen sind der ideale Platz, um an Kindergeburtstagen kleine Gewinne wie Gummibälle, winzige Plüschtiere, Kreisel, Zauberstifte, kleine Spiele und andere hübsche Dinge zu verstecken. Das Heu ist nicht schwer zu beschaffen: Nach jeder Heuernte bleiben Reste auf den Wiesen liegen, und diese Reste sammeln wir ein und türmen sie auf einer glatten Unterlage (einem Tuch, Steinfußboden oder festgestampftem Erdboden) zu einem großen Haufen auf. In diesem Wirrwarr aus Halmen werden die Gewinne verteilt und versteckt. Sind die Kinder noch kleiner, ist es am besten, wenn eines nach dem anderen der Reihe nach den Heuhaufen durchtasten und durchkneten darf, bis es einen »Schatz« gefunden hat (noch spannender ist es natürlich, wenn das Kind mit verbundenen Augen sucht). Ist es fündig geworden, kommt das nächste Kind an die Reihe. Falls es keinen Geburtstag zu feiern gibt, kann man das Spiel auch weniger aufwendig – und weit schwieriger! – mit Eicheln, Hagebutten, Schneckenhäusern oder ähnlichen Naturdingen spielen.

Schulkinder können das Spiel spannender gestalten: Reihum wird mit zwei Würfeln gewürfelt. Sobald ein Kind zwei Sechser hat, darf es im Heuhaufen auf Schatzsuche gehen. Während der Schatzgräber das Heu durchwühlt, würfeln die anderen weiter. Und sobald das nächste Kind zwei Sechser hat, darf es den ersten Schatzsucher ablösen und seinerseits ein »Schmankerl im Heuhaufen« suchen.

## Staffelsitzen

An kniffelige Arbeiten muss man mit viel Fingerspitzengefühl herangehen, sagt man. Aber was ist mit den Zehenspitzen? Schließlich sind doch auch Füße und Zehen hochsensible Körperteile. Allerdings können sie ihr Feingefühl nur dann entfalten, wenn sie nicht ständig in lederne Gefängnisse eingesperrt werden!

Bei diesem Spiel haben die Finger überhaupt nichts zu melden, dafür ist Zehenspitzengefühl umso mehr gefragt: Alle Kinder setzen sich so in einen Kreis, dass die nackten Füße nach innen weisen. Dann nimmt eines von ihnen mit den Zehen ein Stöckchen auf und versucht, es seinem Nachbarn mit den Zehen weiterzureichen. Der reicht es seinerseits wieder mit den Zehen an seinen Nachbarn weiter, sodass das Stöckchen langsam von einem Fuß zum anderen im Kreis herumwandert. Wer das Stöckchen fallen lässt, scheidet aus. Sieger ist, wer den Stab am längsten unfallfrei weitergeben konnte.

**Alter:** ab 4 Jahren
**Material:** Zweige, Steine, Tücher und ähnliche Dinge, die sich mit den Zehen greifen lassen
**Mitspieler:** mindestens 3 Kinder; je mehr, desto besser
**Schwierigkeitsgrad:** leicht

**1** Welches Blatt gehört an welchen Baum? Gar nicht so einfach!

**2** Geschafft! Wer sich zu einem Baumstamm retten konnte, darf vom Fänger nicht abgeschlagen werden.

Wenn genügend Kinder mitspielen, lässt sich »Staffelsitzen« auch mit zwei Gruppen spielen: Die Gruppe, die am schnellsten ohne Abstürze über eine zuvor festgesetzte Anzahl von Runden das Stöckchen kreisen lassen kann, hat gewonnen.

Eine weitere Variante könnte so aussehen: Beide Gruppen bekommen einen kleinen Haufen Stöckchen vorgesetzt. Nach dem Startsignal müssen die Mitspieler jeder Gruppe einer nach dem anderen die Stöckchen mit den Zehen in eine bereitgestellte Schüssel manövrieren. Jeder darf jeweils nur ein einziges Stöckchen in die Schüssel verfrachten, dann kommt der Nächste an die Reihe. Die Gruppe, die ihren Stapel als erste komplett in die Schüssel gefüllt hat, ist Sieger. Natürlich lässt sich das Spiel auch mit anderen Gegenständen spielen. Könner schaffen es sogar, glatte Steine oder Kastanien gekonnt mit den Zehen zu transportieren.

## Wo kommst du denn her?

Kleine Kinder haben oft einen unglaublich guten Blick für Details. Bei dem folgenden Spiel sind die Kleinen den Erwachsenen oft sogar überlegen: Ein Kind sucht von verschiedenen Bäumen und Sträuchern Blätter zusammen – und zwar von jedem Baum oder Strauch nur ein einziges Blatt. Die Mitspieler warten unterdessen außer Sichtweite oder mit geschlossenen Augen.

Dann kann es losgehen: Jedes Kind bekommt eines der Blätter in die Hand; eines hat vielleicht ein Lindenblatt bekommen, das andere ein Kastanienblatt, das dritte ein Hainbuchenblatt usw. Jeder sieht sich sein Blatt genau

**Alter:** ab 4 Jahren
**Material:** ein Tuch, um die Augen zu verbinden
**Mitspieler:** mindestens 3 Kinder, besser mehr
**Schwierigkeitsgrad:** mittelschwer

an, merkt sich den Verlauf und die Struktur der Adern, die Form der Blattränder, die Art, wie der Stiel am Blatt ansetzt, und noch eine Menge anderer Eigentümlichkeiten. Kleinere Kinder gehen nun einfach los und suchen den Baum zum Blatt. Größere stecken ihr Blatt in die Hosentasche und versuchen, den zugehörigen Baum nur mithilfe der Merkmale zu finden, die sie im Kopf behalten haben. Erst wenn sie sich für einen Baum entschieden haben, holen sie ihr Blatt wieder aus der Tasche und überprüfen, ob sie tatsächlich an der richtigen »Adresse« gelandet sind. Nach der ersten Runde wird gewechselt, und jeder bekommt ein anderes Blatt. Je nach Art der ausgewählten Bäume und Sträucher kann dieses Spiel ganz schön kniffelig werden. Wer zum Beispiel das Blatt eines Faulbaums von dem eines Kreuzdorns unterscheiden will, muss schon genau hinsehen.

**Blatt sucht Baum!**

Haben die Kinder ein gutes Auge für die verschiedenen Formen und Strukturen der Blätter entwickelt, können sie sich an die Variante für Spezialisten heranwagen: Die Blätter werden diesmal nicht einfach zugeteilt, sondern zur Auswahl vorgelegt. Und das Kind trifft seine Auswahl mit verbundenen Augen und nur mit

Fingerspitzengefühl. Das Blatt, das es ertastet und sich ausgesucht hat, steckt es wieder in die Hosentasche, nimmt dann die Augenbinde ab und macht sich auf die Suche nach dem Busch oder Baum, der seiner Meinung nach dazugehört. Wie gesagt: Bei der Suche kann es sich nur davon leiten lassen, was es zuvor mit verbundenen Augen gefühlt hat. Gar nicht so einfach, denn Nacharbeiten gilt nicht! Ist der vermeintlich richtige Baum gefunden, wird mit dem Blatt in der Hosentasche verglichen: Richtig ertastet oder daneben gelangt?

## Bäumchen wechsel dich!

Am besten eignet sich für dieses Spiel ein kleineres Waldstück, das klar vom Rest des Waldes abgegrenzt ist. Ideal ist zum Beispiel eine Waldparzelle, die zwischen mehreren Wirtschaftswegen oder markanten Geländemerkmalen liegt.

Ist der Umriss des Spielplatzes geklärt, wird ein Kind als Fänger ausgelost; alle anderen sind potenzielle »Opfer« und müssen alles daransetzen, dem Jäger so lange wie möglich zu entkommen.

Zum Glück gibt es aber auch Rastplätze – die Stämme der Bäume –, an denen man vor dem Fänger sicher ist, doch beliebig lange kann man dort nicht bleiben. Ruft nämlich der Fänger »Bäumchen wechsel dich!«, müssen alle ihren Stamm verlassen und durch Unterholz und Astgewirr hindurch und über gefällte Stämme hinweg schnellstens zu einem anderen Baum laufen. Wer nicht geländegängig ist, wird da schnell zum »Opfer«. Und während die Verfolgten, den Fänger schon auf den Fersen, einen rettenden Stamm ansteuern, müssen sie auch noch blitzschnell überprüfen, ob nicht schon ein anderer Verfolgter dort Asyl gesucht hat. Tückischerweise darf nämlich pro Baum nur ein Kind Schutz suchen. Wer abseits von einem schützenden Baum vom Fänger berührt wird, ist der neue Fänger.

**Alter:** ab 6 Jahren
**Spielplatz:** ein Waldstück mit nicht zu vielen und nicht zu dicht beieinander stehenden Bäumen; Unterwuchs aus Holunder, Brombeeren und Ähnlichem stört dagegen nicht
**Mitspieler:** mindestens 4 Kinder, besser mehr
**Schwierigkeitsgrad:** leicht

23

# Herbstzeit – Erntezeit

*Wenn sich die Zweige der Sträucher unter der Last ihrer Früchte biegen, die Stauden am Wegrand ihre Samen verstreuen und überall Kastanien und Eicheln zu Boden plumpsen, dann erwacht auch in Kindern der Hamstertrieb. Der sammelnde Urmensch bricht durch, die große Ernte wird eingefahren.*

## Hagebuttenmus

Es müssen Heckenrosen gewesen sein, die Dornröschen samt Schloss hinter einem stachligen Schutzwall verschwinden ließen. Und Heckenrosen – neben anderen dornigen Sträuchern – waren es auch, die unsere Vorfahren als stacheligen Schutzwall um die Weideflächen pflanzten, um das Vieh am Vagabundieren zu hindern.
Heute schützt man sich zwar nicht mehr mit Rosenhecken, sondern mit Alarmanlagen, und Weiden sind nicht mehr von Dornsträuchern, sondern von

Elektrozäunen oder Stacheldraht umgeben, doch die Heckenrosen mit ihren leuchtend roten Hagebutten gehören noch immer genauso zum Herbstbild wie buntes Laub und Kastanien. Hagebutten sind wahre Vitaminpakete. Ein Esslöffel Hagebuttenmus deckt den Vitamin-C-Bedarf eines Erwachsenen, heißt es. Zwar ist die Zubereitung von Hagebuttenmus ein wenig aufwendig, aber es lohnt die Mühe. Die Hagebutten werden im Spätherbst vor dem ersten Frost gesammelt, von Stielen und Blütenresten befreit und etwa 30 Minuten lang gekocht, bis sie weich sind. Den lästigen Inhalt der Früchte – die vielen Härchen und Kerne – wird man am leichtesten los, wenn man die Hagebutten anschließend durch eine »flotte Lotte« passiert (in manchen Rezepten wird empfohlen, die Früchte noch roh zu halbieren, aus jeder einzelnen die Kerne und Härchen herauszukratzen und sie erst dann weich zu kochen, aber das kann im wahrsten Sinne des Wortes eine

kitzelige Angelegenheit werden). 1 kg von dem so gewonnenen Hagebuttenmus mischt man mit 500 g »Gelierzucker 2:1«, lässt die Mischung unter Rühren vier Minuten lang sprudelnd kochen (die genaue Anleitung steht auf dem Zuckerpäckchen) und füllt sie kochend heiß in heiß ausgespülte Schraubdeckelgläser. Die fest zugeschraubten Gläser umgedreht abkühlen lassen. Auch für dieses Rezept gilt: Das Sammeln der Früchte macht Kindern großen Spaß, auch beim Auswiegen und Abmessen ist ihre Hilfe hochwillkommen. Der Umgang mit der heißen Masse und den heißen Gläsern aber muss Erwachsenen überlassen bleiben.

## Mein Freund, der Baum

Wenn wir einen Erwachsenen bitten würden, einen bestimmten Baum zu beschreiben, was würde er dann erzählen? Würde er sagen: »Die abgefallenen Blätter riechen wie Lebkuchen« oder: »Die Rinde fühlt sich an wie die Haut eines Elefanten«? Wohl kaum. Er würde vermutlich erzählen, wie hoch der Baum ist, wie die Blätter aussehen und welche Farbe sie haben. Kurzum: Wir würden wohl wieder einmal

**Alter:** ab 4 Jahren
**Material:** reichlich Hagebutten, pro kg verarbeitete Früchte etwa 500 g »Gelierzucker 2:1«, saubere Gläser mit Schraubdeckel, eine »flotte Lotte« oder ein anderes Passiergerät, ein Kochlöffel, ein Kochtopf
**Schwierigkeitsgrad:** leicht, erfordert aber etwas Ausdauer

**1** Früher waren die leuchtend roten Hagebutten ein wichtiger Vitaminspender für die langen Wintermonate. Hagebuttenmus macht zwar viel Arbeit, aber das Ergebnis ist die Mühe wert!

**2** Mein Freund, der Baum: Man kann ihn auch mal nur mit Fingerspitzengefühl kennenlernen.

nur das erfahren, was mit den Augen wahrnehmbar ist. Höchste Zeit, dass auch die anderen Sinne einmal zu Wort kommen. Den nächsten Baum lernen wir zur Abwechslung einmal mit den Händen kennen. Ein Kind bekommt die Augen verbunden und wird auf Umwegen zu einem Baum hingeführt. Einige Minuten lang darf es nun den Baum von allen Seiten ergründen und abtasten. Wie fühlt sich die Rinde an? Rissig? Wellig? Oder eher glatt? Kann man den Stamm mit beiden Armen noch umfassen, oder ist er zu dick dazu? In welcher Höhe wachsen die ersten Äste? Ragen die Wurzeln über die Erde hinaus oder nicht? Wächst Moos in den Rindenspalten? Hat der Stamm Verletzungen? Wie fühlt sich das Laub an, das unter dem Baum liegt? Und wie riecht es? Kleine Kinder sollten ein wenig Hilfe-

**Alter:** ab 4 Jahren
**Spielplatz:** ein Waldstück mit möglichst verschiedenartigen und unterschiedlich gewachsenen Bäumen, ein Tuch zum Augenverbinden
**Mitspieler:** mindestens 5 Kinder
**Schwierigkeitsgrad:** mittelschwer

1 Baum im Wind: Trommelnde Fingerspitzen fühlen sich an wie leichter Regen.

2 Und jetzt: Einsatz für das Wald-Xylophon!

3 Jeder Sprung lässt eine Schneebeere knallen!

stellung bekommen, damit sie auf wichtige Merkmale achten. Hat sich das Kind mit den Händen – und vielleicht auch mit der Nase – einen Eindruck verschafft, wird es auf Umwegen wieder zum Ausgangspunkt zurückgeführt und darf die Augenbinde abnehmen. Und jetzt wird's kniffelig: Kann es den Baum mit den Augen wiederfinden?

### Wie ein Baum im Wind

Zum Abschluss verwandeln sich alle Kinder der Reihe nach in Bäume: Wer gerade »Baum« sein darf, stellt sich mit geschlossenen Augen in die Mitte und breitet die Arme als Äste aus, während die anderen Kinder die Rolle von Wind, Regen und all den kleinen Tieren übernehmen, die den Baum besuchen. Als leichte Brise bewegen sie zum Beispiel ganz vorsichtig die Äste des Baumes hin und her, als Regentropfen rieseln sie sachte auf den Baum nieder (sie lassen die Fingerspitzen behutsam auf Gesicht und Armen des Baumkindes trommeln), als stärkerer Regen pladdern sie ihm leicht (!) auf die Rinde, und als kräftiger Windstoß lassen sie den Baum vor- und zurückschwingen. Sie lassen die Zweige anderer Bäume am Baum entlangstreichen (= sie streicheln mit Zweigen oder Grashalmen vorsichtig über das Baumkind), sie hüpfen als Waldmäuse oder Eichhörnchen über die Äste des Baumes (= sie imitieren mit den Fingern hüpfende Tierpfoten) oder sie lassen die Blätter anderer Bäume über die Rinde des Baumes rieseln (= sie streuen Falllaub auf das Baumkind).

Der »Baum« hält unterdessen die Augen geschlossen und genießt

26

einfach die Berührungen und das Bewegtwerden. Dieses Spiel ist eine wunderbare Vertrauens-übung – vorausgesetzt, eine Regel wird unter allen Umständen berücksichtigt: Grobe Berührungen sind verboten. Und: Die Mitspieler müssen gut aufpassen, dass der Baum auf keinen Fall umfällt.

## Percussion im Wald

Der Wald ist nicht nur voller Farben, Gerüche und Stimmen, er ist auch voller Schlaginstrumente! Wer mit Sucherblick das Unterholz durchstöbert, stößt überall auf Dinge, die sich als Rhythmusinstrumente eignen. Aneinandergeschlagene Kastanien zum Beispiel erzeugen ein helles Klicken. Schlägt man mit einem Stock gegen einen Baumstamm, klingt das je nach Baumart, Stammumfang und Dicke des Stockes wie eine Pauke oder

**Alter:** ab 4 Jahren
**Material:** Aststücke von Buche, Esche oder Ahorn in verschiedenen Längen, eine Säge, Bindfaden, Kastanien, Steine, Nüsse, welkes Laub, Samenkörner, leere Dosen
**Mitspieler:** mindestens 3 Kinder; je mehr, desto besser
**Schwierigkeitsgrad:** leicht

wie eine Trommel. Aneinandergeschlagene Steine, ein Zweig, der über Rinde kratzt, Haselnüsse oder Steinchen, die in einer Dose geschüttelt werden, oder rhythmisches Blätterrascheln – die Möglichkeiten sind fast unbegrenzt. Sobald jedes Kind sein Instrument gefunden hat, kann es losgehen. Kleinere Kinder brauchen wohl noch einen »Dirigenten«, der den Takt vorgibt. Größere Kinder mit gutem Takt- und Rhythmusgefühl können dagegen schon allein beeindruckende Schlagzeugkompositionen zustande bringen. Die Mitglieder der Wald-Band müssen sich eigentlich nur auf einen Takt einigen, dann können sie drauflos improvisieren.

Sind Äste von Hartholz-Baumarten wie Buche oder Ahorn greifbar, kann man die Wald-Band um ein weiteres Instrument bereichern: Aus Aststücken lässt sich mit wenig Aufwand eine Art Xylophon bauen. Äste von etwa 3-4 cm Dicke werden auf verschiedene Längen zurechtgesägt, an einem Stück Schnur aufgehängt und mit einem zweiten Aststück zunächst mal auf ihre Tonhöhe geprüft. Wer möchte, kann die Tonhölzer jetzt »stimmen«: Will man die Tonhöhe anheben, sägt man kleine Scheibchen von den Klangstöcken ab. Die gestimmten Aststücke werden in aufsteigender

Tonhöhe mit Bindfaden an einem Querast aufgehängt, und schon ist das Wald-Xylophon einsatzbereit. Jetzt können die Komponisten für Ast-Ensemble ihre Kreativität von der Leine lassen! Selbstverständlich wird die Komposition zum Schluss auf einen Tonträger aufgenommen: Symphonie für Kastanien-Percussion und Buchen-Xylophon.

## Beerenballett und Klettenball

Gartenplaner schätzen die nordamerikanischen Schneebeerensträucher vor allem wegen ihrer hübschen weißen Beeren, die bis in den Winter hinein an den

3

# Mit allen Sinnen

**Alter:** ab 6 Jahren
**Spielplatz:** eine freie, möglichst unbewachsene Fläche, Schneebeeren; Klettenfrüchte, eine alte Wolldecke, ein Stück Tafelkreide, ein paar Meter Schnur
**Mitspieler:** mindestens 3 Kinder; je mehr mitspielen, desto besser
**Schwierigkeitsgrad:** leicht bis schwer, je nach Streckenführung und Länge des Parcours

Büschen hängen. Kinder dagegen lieben die Sträucher aus ganz anderen Gründen: Wenn man die Beeren mit Schwung zu Boden (oder anderen Kindern auf den Rücken) wirft oder darauf tritt, platzen sie mit einem hörbaren Knall. Schneebeeren sind also genau das Richtige, um einen Parcours mit Knalleffekt zu bauen: Ein Kind legt mit Schneebeeren eine möglichst komplizierte Spur aus. Die Beerenfährte soll ruhig verschlungene Muster und Windungen vollziehen, und die Beeren dürfen gerne in

unterschiedlich großen Abständen zueinander liegen, sollten allerdings auch nicht zu weit voneinander entfernt sein. 8- bis 10-jährige Kinder könnten schon eine Entfernung von 50 cm schaffen.
Alles fertig? Dann ist das Rennen eröffnet. Das erste Kind geht an den Start und hüpft auf einem Bein die Beerenspur nach. Und bei jedem Treffer knallen die Beeren unterm Fuß. Kleineren Kindern macht es am meisten Spaß, einfach nur ihren Parcours zu Ende zu knallen. Größere wol-

1 Wer trifft mit den Kletten ins Schwarze?

2 Wer mit einer Kastanie auf dem Löffel den Parcours hinter sich bringt, ist Sieger aller Klassen!

3 Die wahren Könner schaffen es sogar, mit einem Strohhalm ein Blatt anzusaugen und damit die Rallyestrecke zu absolvieren.

len schon eher in Wettstreit miteinander treten: Wer eine Beere »ungeknallt« passiert, kann Punkteabzug bekommen. Wie lang die Hüpfstrecke sein darf, richtet sich nach der Fitness der Teilnehmer. Weniger Sportliche sind schon nach ein paar Metern auf einem Bein völlig erschöpft, gut Trainierte schaffen ein Vielfaches der Strecke. Hier hilft nur Ausprobieren.

### Klettenwerfen

Andere Herbstfrüchte, die bei Kindern ganz hoch im Kurs stehen, sind die Samenstände der Kletten. Die stacheligen Dinger, die ein wenig an kleine Igel erinnern, sind ungemein anhänglich. An jeder Jacke, in jedem Hundefell bleiben sie hängen. Oder auch mal an einer Wolldecke: Auf eine alte Decke wird mit Kreide eine Zielscheibe gemalt. Dann spannt man eine starke Schnur und hängt die Decke so darüber, dass die Zielscheibe gut sichtbar ist. Jetzt kann der Beschuss losgehen. Jedes Kind hat drei Kletten-Würfe. Je näher ans Zentrum der Zielscheibe die Kletten treffen, desto mehr Punkte bekommt der Werfer.

## Kastanienrallye

Wer glatten Asphalt und gepflasterte Gehwege unter den Füßen gewohnt ist, hat im Wald abseits der Pfade seine Schwierigkeiten. Da muss man sich seinen Weg zwischen armdicken Wurzeln suchen, muss sich unter tief hängenden Ästen durchducken und über umgestürzte Stämme steigen. Kurzum: Der Wald abseits der Wege ist die ideale Rallyestrecke! Und damit die Rallye nicht zu einfach zu bewältigen ist, muss jeder Teilnehmer auf seinem Durchlauf auch noch eine glatte, rutschige Kastanie auf einem Löffel transportieren. Also dann, alles an den Start! Die Rallyestrecke ist mit Flatterband gut sichtbar markiert und lässt keine Herausforderung aus. Die Teilnehmer müssen sich in Schlangenlinien zwischen den Bäumen durchwinden, über Baumstämme balancieren, durch Reisighaufen stelzen, sich durch Vorhänge von Waldreben kämpfen oder dürfen auf einem Wegstück nur auf Trittspuren treten, die mit Sägemehl markiert sind. Der Gleichgewichtssinn ist hier ganz schön gefordert.

Auch wenn die Kastanie, die jeder auf seinem Löffel mit sich trägt, unterwegs noch so sehr ins Schliddern kommt: Mit den Händen berühren ist tabu. Klei-

**Alter:** ab 4 Jahren
**Spielplatz:** ein Waldstück, das vom Förster zum Spielen freigegeben ist
**Material:** mehrere Kastanien und Löffel, eine Rolle Flatterband, Strohhalme, Laubblätter
**Mitspieler:** eine gerade Anzahl von Kindern (mindestens 6); je mehr, desto besser
**Schwierigkeitsgrad:** mittelschwer bis schwer, je nach Streckenführung

1 Ein Fußbad in Kastanien – ein himmlisches Gefühl! Fleißige Sammler können leicht eine ganze »Badewannen«-Kiste mit den glänzenden Früchten füllen.

2 Man sieht ihnen die Verwandtschaft an: Schlehen sind wahrscheinlich die wilden Vorfahren der Pflaume. Man kann leckeren Schlehensaft aus ihnen zubereiten.

nere Kinder wird man nur hin und wieder an dieses Verbot erinnern, größere, frustfestere Kinder können auch mit strengeren »Spielstrafen« umgehen: Wenn sie ihre Kastanien berühren oder sie fallen lassen, müssen sie zurück an den Start.

### Staffellauf mit Kastanie

Eine Variante der Kastanienrallye ist die **Kastanienstaffel**: Die Kinder teilen sich in zwei gleich große Gruppen auf, und jede Gruppe bekommt einen Löffel und eine Kastanie. Beim Startsignal schicken beide Gruppen den ersten Läufer mit Kastanie auf den Weg; die Läufer müssen bis zu einem mit Flatterband markierten Zielpunkt rennen, machen dort kehrt, laufen zurück zum Start und übergeben dort dem nächsten Kind ihrer Gruppe den Löffel mit der Kastanie (Vorsicht! Beim Kastanien-Transfer gibt's die meisten Abstürze – und die kosten Fehlerpunkte!). Die Gruppe, die als erste den ganzen Durchlauf geschafft hat, ist Sieger. Staffellauf lässt sich natürlich auch mit ganz anderen Naturdingen spielen. Eine der kniffeligsten Varianten sieht so aus: Der Staffelläufer saugt mit einem Strohhalm ein Blatt an und muss mit diesem Blatt am Strohhalm die Laufstrecke absolvieren. Zum Ausgangspunkt zurückgekehrt, legt er das Blatt auf einer Unterlage ab, der nächste saugt es an und macht sich seinerseits damit auf den Weg.

# Winter – wenn die Natur ausruht

*Die Zeit ohne Farben und Gerüche ist erneut angebrochen. Jedes Jahr wieder kostet es ein wenig Überwindung, sich darauf einzustellen. Aber jedes Jahr entdecken wir schließlich doch die Schönheiten einer Welt in Schwarz-Weiß, die Faszination gefrorenen Wassers und glitzernder Kristalle.*

## Schlehensaft

Einer Legende nach wurde der Schlehe vorgeworfen, sie habe die Dornen für die Dornenkrone Christi zur Verfügung gestellt. Doch Gott persönlich rehabilitierte den verunglimpften Strauch: Er beregnete die Schlehe über Nacht mit Blüten in strahlendem Weiß, der Farbe der Unschuld. Diese Blüten sind auch heute noch das Markenzeichen der Schlehe: Sie erscheinen nämlich noch bevor die Blätter austreiben. Beim Weißdorn dagegen, der oft der Heckennachbar der Schlehe ist, wachsen zuerst die Blätter und dann die Blüten.
Ein Sud aus ausgekochter Schlehenrinde wurde früher als Tinte verwendet und Schlehenblütentee trank man zur Blutreinigung. Auch bei Insekten und Vögeln stehen Schlehen hoch im Kurs: Allein 15 Bockkäferarten, 23 Rüsselkäferarten, 20 verschiedene Wildbienen und 73 Kleinschmetterlinge finden die Schlehe zum Anbeißen, und 20 Vogelarten verspeisen die blau bereiften

Früchte – allerdings mit einer gewissen Zurückhaltung: Meist picken sie erst dann an den Schlehenfrüchten, wenn schon etliche Frostnächte ins Land gegangen sind. Frost treibt den Früchten nämlich die Säure aus und macht sie süßer und schmackhafter.
Aus genau diesem Grund sollte man Schlehen nicht vor November ernten. Erst dann sind sie wirklich reif und durch den Frost im Geschmack gemildert. Das bewährte Rezept: 1 kg Schlehenfrüchte wird mit 2 Litern kochendem Wasser übergossen und 24 Stunden lang zugedeckt stehen gelassen. Am nächsten Tag die Flüssigkeit abseien, aufkochen, wieder über die Schlehen gießen und noch einmal 24 Stunden lang stehen lassen. Diese Prozedur noch 4-mal wiederholen, bis die Schlehen am fünften Tag gründlich ausgelaugt sind. Jetzt die mittlerweile tiefrote Flüssigkeit ein letztes Mal abseien, mit 250 g Zucker vermischen, aufkochen und kochend heiß in heiß ausge-

spülte Flaschen füllen. Die zugeschraubten Flaschen umgedreht in einen Getränkekasten stellen und darin auskühlen lassen. Gerade kleineren Kindern macht es großen Spaß, beim Ernten der Früchte zu helfen. Auch beim Wiegen der Schlehen oder des Zuckers können sie mitmachen. Mit der heißen Flüssigkeit und den heißen Flaschen sollten allerdings nur Erwachsene hantieren. Beim Schlecken und Schmecken sind die Kleinen dann aber wieder ganz groß dabei.

**Alter:** ab 4 Jahren
**Material:** 1 kg Schlehenfrüchte, 250 g Zucker, 2 l Wasser, saubere Flaschen mit Schraubdeckel, ein Sieb, ein Kochtopf mit Deckel
**Schwierigkeitsgrad:** leicht

## Lebensgeschichte eines Baumes

Herbst und Winter sind die Zeit der großen Waldarbeiten. Überall liegen Stämme und Äste herum, bei jedem Waldspaziergang stößt man auf Baumstümpfe, die interessante Geschichten zu erzählen haben.

An einem besonders dicken Baumstumpf lohnt es sich, eine Pause einzulegen. Wenn man sich die Schnittfläche genau ansieht, erkennt man deutlich hellere und dunklere Ringe im Holz. Das Holz der helleren Ringe ist weicher und hat dicke »Wasserleitungen«; es ist im Frühjahr und Frühsommer gewachsen, als der Baum genug Wasser und Sonne hatte und nach der Winterpause richtig loslegen konnte. Die dunklen Holzringe aus härterem Holz wurden im Spätsommer gebildet, als die sinkenden Temperaturen und die kürzer werdenden Tage dem Baum vermittelt haben, dass er sich nun allmählich auf den Winter einstellen und mit dem Wachsen pausieren müsste.

**Alter:** ab 8 Jahren
**Material:** Pinboardnadeln oder Stecknadeln mit bunten Köpfen, Flatterband, einige Stöckchen, Haftzettel, rotes Band
**Schwierigkeitsgrad:** leicht

Sind die Jahresringe auffallend breit, muss der Baum in diesem Jahr ideale Lebensbedingungen gehabt haben. Schmale Jahresringe zeigen vielleicht an, dass er zu dicht zwischen seine Nachbarn eingezwängt wachsen musste und dass ihm von allen Seiten Wasser, Licht und Nährstoffe weggenommen wurden. Ist an anderen Baumstümpfen in einiger Entfernung allerdings der gleiche Jahresring besonders schmal ausgefallen, dann waren wohl weiträumige Ursachen schuld daran: Vielleicht war in diesem Jahr der Sommer besonders trocken und die Bäume hatten zu wenig Wasser, um richtig wachsen zu können? Auch Insektenüberfälle im ganzen Baumbestand können der Grund für schmale Jahresringe sein.

Manchmal ist ein Jahresring aber auch nur auf einer Seite des Stammes schmal und hat auf der anderen Seite Normaldicke. Der Grund dafür kann sein, dass der Baum einseitig im Schatten stand oder auf einer Seite von anderen Bäumen bedrängt wurde. Solche Bäume können so ungleichmäßig wachsen, dass ihr Querschnitt an ein Spiegelei erinnert.

Wie alt dieser Baum wohl gewesen ist? Jedes Kind darf einmal schätzen. Und dann wird von innen nach außen nachgezählt; nach jeweils zehn Jahresringen wird eine Pinboardnadel ins Holz

gesteckt. Wer hat mit seiner Schätzung das wirkliche Alter des Baumes am besten getroffen?

### Bäume und ihre Kinder

Für Kinder ist es spannend auszuzählen, wie dick der Baum war, als sie selbst geboren wurden. Von dieser Überlegung aus ist es nur ein kleiner Schritt zu den Kindern des Baumes. Sie wachsen rund um den Baumstumpf überall aus dem Waldboden. Die meisten Kinder lernen recht schnell eine Jungbuche zu erkennen und von einer jungen Eiche oder einem kleinen Ahorn zu unterscheiden.

Sobald der Blick für die typischen Merkmale »ihres« Baumes geschult ist, können sie sich auf die Suche nach seinem Nachwuchs machen. Für jedes Kind wird eine kleine Fläche ausgemessen – zum Beispiel ein Quadratmeter – und mit Stöckchen und Flatterband eingezäunt. Jedes von den Kindern gefundene Jungbäumchen, das zur selben Art wie der gefällte Veteran gehört, bekommt einen kleinen Haftzettel unten um den dünnen Stamm geklebt. Mithilfe dieser Papierfähnchen wird verhindert, dass die Kinder versehentlich ein paar Bäumchen doppelt zählen.

Verblüffend, wie viele Sprösslinge so ein Baum in die Welt setzt! Größere Kinder können von den Bäumchenzahlen des einen Quadratmeters hochrechnen, wie viele Jungbäume auf einer größeren Fläche sein müssen. Hat das »Einwohnermeldeamt im Wald« seine Arbeit abgeschlossen, wird das Flatterband abgenommen. Die Stöckchen aber bleiben, mit einem roten Band markiert, vorerst stecken, denn im Frühjahr kommen die Kinder wieder zu Besuch. Wenn die Stöckchen noch an ihrem Platz stehen, wird das Quadrat abermals mit Flatterband abgezäunt und die Jungbäume darin können noch einmal ausgezählt werden. Sind es noch genauso viele? Oder sind

einige Bäumchen von Rehen, Hasen und Mäusen angeknabbert worden? Die Kinder beginnen zu verstehen, dass die astronomisch hohen Zahlen an Jungbäumen keine Verrücktheit der Natur sind, sondern eine sehr weise Vorkehrung: Die Bäume haben sich darauf eingestellt, dass nur wenige ihrer Sprösslinge zu Waldriesen heranwachsen werden. Und für diese unvermeidlichen Verluste haben sie vorgesorgt – mit einer wahren Flut von Nachwuchs.

## Wassermusik

Was tun, wenn der Schneeregen gegen die Fenster klatscht und die Welt grau in grau aussieht? Dann wird Wassermusik gemacht! Gläser oder Flaschen geben nämlich einen deutlichen Ton von sich, wenn man sie mit einem Metallstab anschlägt (zur Not taugt als »Schlagstock« auch ein Kochlöffel). Und wenn man Wasser einfüllt, ändert sich die Tonhöhe: Je mehr Wasser in Glas oder Flasche ist, desto tiefer der Ton.

1 Mit Nägeln als Markierung geht's leichter: An Baumstümpfen kann man genau auszählen, wie alt ein Baum geworden ist.

2 Ein weiteres Baumspiel ist das Telefon im Wald: Die Wasserkanäle im Stamm übertragen Geräusche erstaunlich gut.

33

1 Selbst gemachte Wassermusik: Je mehr Wasser im Glas ist, desto tiefer wird der Ton, wenn man das Glas anschlägt.

2 Turmbau zu Babel: Jeder darf reihum einen Schneeklops obenauf packen – so lange, bis der Turm einstürzt.

Man könnte nun natürlich einfach Wasser nach Lust und Laune in die Flaschen gießen und dann so lange mit der Füllhöhe herumtüfteln, bis die Tonabfolge dem persönlichen Geschmack behagt. Es geht aber auch systematischer: Aus einem Getränkekasten mit leeren 0,75-Liter-Mineralwasserflaschen sucht man sich zehn Flaschen aus, die im Leerzustand alle ungefähr im selben Ton erklingen. Eine nach der anderen werden diese Flaschen nun mit genau abgemessenen Wassermengen aufgetankt: Die erste Flasche wird bis oben hin mit Wasser gefüllt, die nächsten 8 Flaschen bekommen 670 ml, 550 ml, 450 ml, 390 ml, 340 ml, 265 ml, 210 ml und 160 ml Wasser. Die letzte Flasche schließlich bleibt leer. Der Tonumfang dieser zehn Wasserflaschen genügt schon, um ein paar beliebte Kinderlieder darauf zu schlegeln. Geeignete Lieder für Wasserorgel sind zum Beispiel »Ein Vogel wollte Hochzeit machen«, »Kuckuck, Kuckuck, ruft's aus dem Wald« oder »Der Mond ist aufgegangen«.

Noch besser klingt die Flaschenorgel übrigens, wenn man den Flaschen ein Stück Schnur um den Hals knüpft und sie damit nebeneinander an eine Gardinenstange oder an einen Besen-

**Alter:** ab 6 Jahren
**Material:** 10 leere Mineralwasserflaschen aus Glas, ein Metallstab (notfalls geht auch ein Kochlöffel), ein Messbecher mit Milliliterskala, Wasser; eventuell Schnur, ein Besenstiel oder eine Gardinenstange
**Schwierigkeitsgrad:** leicht, erfordert aber genaues Arbeiten

stiel hängt, der stabil über zwei Stühle gelegt wurde. Hängend klingen sie deshalb besser, weil die Glaswände dann freier vibrieren können.

Ein kleiner Tipp: Eine Wasserorgel aus 1-Liter-Saftflaschen bietet zwar einen noch größeren Tonumfang. Allerdings sind diese Flaschen nicht so perfekt genormt wie die 0,75-Liter-Flaschen; jede leere Literflasche hat eine etwas andere Tonhöhe. Wer aus diesem unberechenbaren Leergut eine Tonleiter aufbauen will, muss eben ein wenig herumtüfteln, muss Wasser ausgießen oder nachfüllen, bis der »gute Ton« endlich stimmt.

## Turmbau zu Babel

Tage, an denen der Schnee klebt wie Kitt und sich beim leichtesten Druck zu dicken Brocken zusammenballt, sind Bildhauertage, Iglutage – und Turmbautage! Die Bibel erzählt, dass die Leute von Babylon einen Turm zu bauen beschlossen, dessen Spitze bis an den Himmel reichen sollte. Bis zum Himmel? Ein kühnes Vorhaben. Aber bei gutem Pappschnee lässt sich vielleicht wenigstens ein Turm bis zur Dachrinne des Gartenhäuschens schaffen.

Die Basis des Turms ist ein Schneesockel von etwa 20 cm Kantenlänge. Die Kinder dürfen nun reihum jeweils eine Handvoll Schnee auf diesen Sockel packen. Allerdings darf nur oben Schnee angesetzt werden; Nachbesserungen an den tiefer liegenden Schichten des Bauwerks sind tabu.

Je mehr der Turm in die Höhe wächst, desto wackeliger wird er auch. Immer vorsichtiger müssen die Schneeballen oben angeklebt werden, immer behutsamer gehen die Bauarbeiter zu Werke. Nur wer mit genügend Gefühl und Sinn für Proportionen an den Bau herangeht, schafft es, den Turm ohne Zwischenfälle auf einige Höhe zu bringen. Wenn zum ersten Mal ein Brocken vom Turm abbricht und herunterfällt, hat der Babel-Turm seine Endhöhe erreicht, und die Bauarbeiten werden eingestellt.

Natürlich lässt sich aus dem Turmbau auch ein kleiner Wettbewerb machen. Zwei Parteien beschließen, jede für sich ihren eigenen Turm aufzustellen. Baustopp ist für eine Gruppe jeweils, wenn zum ersten Mal ein Turmstück abbricht und zu Boden geht. Die zweite Gruppe darf dann noch so lange weiterbauen, bis auch sie Abbrüche zu beklagen hat. Jetzt wird verglichen: Wer hat den höchsten Turm hingestellt?

Und was soll weiter mit den Türmen geschehen? Man kann sie natürlich einfach sich selbst und dem Tauwetter überlassen. Irgendwann sind sie dann nur noch ein klägliches Häufchen zerlaufender Schneesülze. Man kann sie aber auch mit Schneebällen gemeinschaftlich zu Boden zwingen.

### Kristalle aus 1001 Nacht

Aber was tun, wenn der Schnee einfach nicht kleben will und Schneebildhauerei, Iglubau und Turmbau komplett ausscheiden? Falls gerade ein Schneegestöber niedergeht, kann man sich ja die Kronjuwelen des Winters aus der Nähe ansehen. Man braucht dazu nur ein Stück schwarzen Stoff, am besten Samt, und eine Lupe. Der Stoff muss eine Weile im Gefrierschrank liegen und wird dann hinaus mitten ins Schneegestöber gelegt. In kurzer Zeit haben sich ein paar Schneeflocken auf der schwarzen Unterlage niedergelassen. Wenn man sich diese Schönheiten durch die Lupe ansieht, glaubt man wirklich, die Schätze aus 1001 Nacht vor sich zu haben!

**Alter:** ab 6 Jahren
**Material:** möglichst klebriger Schnee; für die »Kristallbeobachtung« ein Stück schwarzer Stoff (am besten Samt), eine Lupe
**Schwierigkeitsgrad:** erfordert einen guten Blick für Proportionen

# Zuhaus in anderen Häuten

Kinder und Tiere gehören zusammen wie das »i« und sein Pünktchen. Ein Tier – zumindest ein Tier auf Augenhöhe wie Katze oder Hund – ist für Kinder ein gleichwertiger Kumpan, ein Jemand, dem sie ganz selbstverständlich die gleichen Vorlieben und Bedürfnisse zusprechen wie sich selbst. Zwar spricht dieser Jemand eine andere Sprache, aber das erhöht höchstens noch das Interesse, das sie ihm entgegenbringen.

Diese Haltung hat zwar ihren Charme, birgt allerdings auch einige Fallstricke. Unsere zweieinhalbjährige Enkelin Alma etwa ist davon überzeugt, dass die junge Katze des Nachbarn begeistert wäre, wenn sie mit ihr »Flugzeug« spielen würde. Alma selbst liebt es ungemein, wenn ihr Vater sie als »Flugzeug« durch die Luft wirbelt, und sie ist nicht davon abzubringen, auch die Katze müsse Spaß daran haben.

Nur strikte Überwachung konnte bislang verhindern, dass sie ihre Idee in die Tat umsetzt. .

Alma sieht die Katze zweifellos als gleichrangigen Kumpan. Doch für die Einsicht, dass ihr pelziger Freund andere Vorlieben haben könnte als sie selbst, ist sie einfach noch zu klein. Ihre ältere Schwester Ella dagegen ist schon einen Schritt weiter. Sie ist geradezu versessen darauf herauszufinden, was »ihre« Katze gerne frisst, ließ sich zeigen, wie man sie richtig hochhebt, fand heraus, wo sie am liebsten ihr Nickerchen macht und welches Spielzeug sie am meisten schätzt. Mit der ganzen Energie ihrer fünf Jahre versucht sie, sich in die Katze einzufühlen. Sie beginnt bereits zu verstehen, dass andere Lebewesen auch andere Bedürfnisse haben; sie will »zuhaus in anderen Häuten« sein.

# Frühling! Alles aufwachen!

*Zu keiner anderen Jahreszeit ist es so leicht, Tiere zu beobachten und zu belauschen, wie im Frühling. Vogelmännchen verteidigen lautstark ihre Reviere, Amphibien wandern zu ihren Laichtümpeln, Vogeleltern stopfen im Akkord die Schnäbel ihrer Jungen. Alles ist jetzt auf Neubeginn eingestellt, und wer zuerst kommt, den belohnt das Leben.*

## Welches Tier steckt in mir?

Was ist eigentlich das Typische an einer Katze? Wie bewegt sich ein Bär? Und was ist das Markenzeichen eines Bibers? Gar nicht so einfach, ein Tier ohne Verkleidung und Hilfsmittel so darzustellen, dass es auch andere erkennen können. Der Spielleiter schreibt auf Zettel die Namen verschiedener Tiere, die allen Kindern vertraut sind. Jedes Kind darf einen Zettel zie-

hen, muss aber den Inhalt des Zettels geheim halten (Schulanfänger bekommen natürlich etwas Hilfe beim Entziffern). Nun sind die schauspielerischen Fähigkeiten gefragt: Jedes Kind stellt das Tier dar, das ihm per Zettel zugesprochen wurde. Und die anderen müssen raten, wel-

ches Wesen sie wohl vor sich haben.
Je älter die Kinder sind, desto schwieriger können die Aufgaben sein, die sie als Schauspieler bewältigen müssen. Kleinere Kinder schlüpfen mit Begeisterung und viel Grunzen, Miauen, Bellen und Wiehern in die Rolle von Schwein, Katze, Hund oder Pferd. Größeren Kindern kann man kniffeligere Tiere zumuten. Wer zum Beispiel einen Igel, einen Marder oder ein Reh erkennbar darstellen will, muss diese Tiere schon ziemlich gut beobachtet haben. Auch das

**Alter:** ab 6 Jahren (je nach individueller Beobachtungsgabe)
**Material:** Papier und Bleistift oder Kugelschreiber
**Spielplatz:** ein freier Platz ohne Hindernisse, zum Beispiel eine Wiese
**Mitspieler:** beliebig; je mehr, desto besser
**Schwierigkeitsgrad:** von leicht bis anspruchsvoll, je nach gewählter Tierart

1 Stelzgang und ausgebreitete
»Flügel«: Welches Tier wird
hier wohl vorgeführt?

2 Alle Frösche hüpfen hoch: Die
Erlebnisse von Flori Frosch
können einen ganz schön ins
Schwitzen bringen!

Rateteam muss einiges über die Tiere wissen, die auf der »Bühne« erscheinen.

Dieses Spiel lässt sich übrigens auch gut in der Wohnung spielen und eignet sich ausgezeichnet, um Abwechslung in einen verregneten Apriltag zu bringen.

## Das Neueste von Flori Frosch

Dieses Spiel ist das Richtige, um einerseits den Kleinen eine Möglichkeit zu geben, ihren Bewegungshunger auszuleben, zum anderen aber auch Sympathien für Tiere und ihr Leben zu wecken.

Der Erzähler (ein Erwachsener oder ein älteres Kind) denkt sich ein Tier aus und beginnt, eine Fantasiegeschichte aus dem Alltag dieses Tieres zu erzählen.

Wichtig ist, dass jeder Satz mit einer Bewegung verbunden ist, je verrückter und verrenkter, desto besser. Der Erzähler macht die Bewegung vor, die Kinder ahmen sie nach.

Ist die Wahl beispielsweise auf den Laubfrosch gefallen, könnte die Geschichte so anfangen: »Ich habe prima unter meinem großen Blatt geschlafen (kauert sich auf den Boden und deckt sich ein Blatt auf den Kopf oder breitet beide Hände über den Kopf), wo mich der Igel nicht findet (sichernder Blick nach allen Seiten). Als mich die Sonne geweckt hat, hab ich mich erst mal geräkelt ... erst das rechte Bein (räkel) ... dann das linke Bein (räkel) ... dann beide Aaarme (Räkeln, gefolgt von ausgiebigem Gähnen). Und dann hab ich mich ordentlich warm gehopst (hüpft

wie beim Sackhüpfen mit beiden Beinen) – erst im Kreis, dann im Zickzack, dann rückwärts (die ganze Kinderschar hopst getreulich zuerst im Kreis, dann im Zickzack und dann rückwärts). Und wie ich gerade mitten im schönsten Hopsen bin, sehe ich auf einmal eine unglaublich dicke, fette Fliege (Erzähler hält die Hand über die Augen, als hielte er nach etwas Ausschau).

**Alter:** ab 4 Jahren
**Spielplatz:** ein freier Platz ohne Hindernisse, zum Beispiel eine Wiese
**Mitspieler:** beliebig; je mehr, desto besser
**Schwierigkeitsgrad:** sehr leicht, ideal für Kindergartenkinder

Ein Satz (Riesenhopser, dabei Zunge raus), und schon hatte ich sie erwischt.« Usw.

Ältere Kinder können sich schon selbst eine Geschichte ausdenken und wechseln sich in der Rolle des Erzählers ab. Nach jedem Satz kommt ein anderes Kind an die Reihe und setzt die Geschichte fort. Das Ergebnis kann je nach Kreativität der Erzähler sehr abenteuerlich ausfallen. Manchmal wird die Geschichte zu einer Serie aberwitziger Turnübungen, manchmal wird auch ein wildes Abenteuer daraus, das Harry Potter alle Ehre machen würde.

## Nestchen bauen

Adlerhorste können eine Tonne wiegen, die Nester der Zaunkönige sind Leichtgewichte von wenigen Gramm; Elstern basteln Hohlkugeln aus Zweigen, Pirole flechten raffinierte Hängewiegen; Goldhähnchen verkleiden ihre Nester mit Spinnweben, und Singdrosseln verputzen sie innen sogar – mit einem selbst gemixten Mörtel aus Holzmulm und Lehm. Vogelnester sind so verschieden wie die Vögel selbst. Unglaublich, dass ein Vogel mit nichts weiter als seinem Schnabel ein solches Bauwerk zustande bringt!

Aber probieren wir es doch einfach selbst aus: Ein verzweigter Ast wird an einer Stelle mit weichem Boden schräg in die Erde gerammt und dient als Nestgrundlage. Als Baumaterial liegt ein Haufen dünner Ästchen und Zweige, Gräser, Stängel, Moos, Distelwolle und Ähnliches bereit. Das Nestbau-Werkzeug ist eine Spaghettizange; nur sie darf das Baumaterial berühren, die Hände sind tabu. Nun packt jedes Kind reihum mit dem »Schnabel« (also der Spaghettizange) ein Ästchen, einen Zweig oder ein anderes Stück Baumaterial und verankert es so gut wie möglich zunächst an einer passenden Stelle auf dem Ast, später im allmählich größer werdenden Nest.

Langsam wird das Nest breiter, bekommt hochgezogene Nestränder, wird mit feinerem Material ausgekleidet und zum Schluss innen mit Moos und Distelwolle gepolstert.

Soweit die Theorie. Die Praxis allerdings hat ihre Tücken. Immer wieder plumpsen Zweige zu Boden (ein kleiner Trost: Den Vögeln geht es auch nicht besser), und manchmal stürzt sogar das halbfertige Nest wieder ab. Eines steht fest: Wer einmal versucht hat, ein Nest nur mit dem »Schnabel« zu bauen, sieht sich die Bauwerke aus der Vogelwelt mit ganz neuem Respekt an.

## Prost Mahlzeit!

Manche Vögel fressen Raupen, andere lieber Mücken oder Fliegen, wieder andere fangen Fische, tauchen nach Wasserpflanzen oder knacken harte Samen. Und genauso, wie es für jeden Beruf das richtige Werkzeug gibt, haben Vögel für ihre Lieblingsnahrung den richtigen Schnabel mitbekommen. Ein Vogel mit einem breiten Löffelschnabel kann keine Mücken fangen, einer mit einem feinen Pinzettenschnabel erwischt keine Fische, und einer mit starkem Hakenschnabel wird wohl kaum auf der Wiese nach Kräutern suchen.

Für dieses Spiel brauchen wir ein paar unterschiedliche Greifwerkzeuge, zum Beispiel eine Spaghettizange, eine Pinzette, eine Flachzange, Salatbesteck, Essstäbchen und so weiter. Die »Beute« besteht aus Reiskörnchen, trockenen Maiskörnern

**Alter:** ab 6 Jahren (je nach manuellem Geschick)
**Material:** ein gegabelter Ast, Spaghettizange, ein Vorrat an Zweigen, Staudenstängeln, Grashalmen, Moos, Tierwolle, Lehm
**Mitspieler:** mindestens 2 Kinder
**Schwierigkeitsgrad:** kniffelig; erfordert einige Geduld

**1** Schon mal versucht, mit einer Spaghettizange als Schnabel ein Vogelnest zu bauen? Ganz schön kniffelig!

**2** Essstäbchen, Pinzette, Zange oder Salatbesteck: Jedes Kind geht mit einem anderen »Schnabel« auf die Futtersuche.

und Bohnenkernen, kleinen Blättchen, Bucheckern und Ähnlichem. Nun bekommt jedes Kind einen Joghurtbecher und einen »Schnabel« und muss versuchen, die verschiedenartigen Futtersorten damit zu packen und in den Joghurtbecher zu befördern. Dabei dürfen die Spieler jeweils nur ein Teil packen und transportieren; »Bündeln« ist tabu. Ziel ist es, in einer festgesetzten Zeit – zum Beispiel drei Minuten – möglichst viele »Futterbrocken« in den Joghurtbecher zu befördern. Die Auswahl der Futtersorte bleibt dabei den Kindern überlassen.

## Wie ihnen der Schnabel gewachsen ist

Zur Verblüffung der Kinder wird nach Ablauf der Zeit nicht etwa ausgezählt, wer die meisten »Futterbrocken« eingesammelt hat, sondern welche Sorte am stärksten vertreten ist. Finden sich vor allem Bohnen im Joghurtbecher? Oder sind es eher Blättchen? Oder eine Mischung aus Reis und Mais? Und warum ist das so? Langsam tasten sich die Kinder an die Antwort heran: Wer als »Schnabel« eine Pinzette benutzt hat, konnte nur schlecht Bohnen befördern. Ein Kind, das mit der Spaghettizange hantiert

hat, tat sich vermutlich mit den Reiskörnern schwer und ließ sie lieber links liegen. Dann kommt der Aha-Effekt: Die Kinder sehen

**Alter:** ab 6 Jahren
**Material:** »Greifwerkzeuge« (zum Beispiel Spaghetti-zange, Pinzette, Flachzange, Salatbesteck, Essstäbchen), Reiskörner, Maiskörner, Bohnenkerne
**Mitspieler:** mindestens 3 Kinder
**Schwierigkeitsgrad:** kniffe-lig; erfordert einige Geduld

sich Bilder von verschiedenen Vogelschnäbeln an und dürfen raten, wer welche Lieblingsnahrung hat.

## Wer versteht Buchfinkisch?

Von König Salomo erzählt die Legende, er habe einen Zauberring besessen, der ihm half, die Sprache der Tiere zu verstehen. Einen Zauberring haben wir zwar nicht, aber die Sprachen einiger Tiere können wir trotzdem wiedererkennen. Am besten lernt man die wichtigsten Laute natürlich mit einer Tierstimmen-CD, aber auch ohne Hilfsmittel kann man sich ein paar »Naturvokabeln« einprägen.

Wer hat zum Beispiel nicht schon mal dieses seltsame Räuspern gehört, das frühmorgens, wenn es noch dunkel ist, von allen Dachfirsten zu hören ist? Das kratzige Geräusch stammt von Hausrotschwanzmännchen – ein Gesang, der wohl nur für die eigenen Weibchen ein Ohrenschmaus ist.

Leicht zu erkennen ist auch das Lied der Singdrossel. Sie klingt, als hätte sie den Satz »Muss ich denn alles dreimal sagen?« zu ihrem Motto gemacht. Sie wiederholt tatsächlich die Motive ihrer Lieder 3- bis 4-mal.

Auch der Zilpzalp ist ein Vogel, dessen Strophe ohne Vogelstimmen-CD mühelos zu identifizieren ist. Er singt nämlich ständig seinen eigenen Namen. Genauer gesagt: Er ist nach seinem immer gleichen Lied benannt. Und welche Vögel sind das, die wie Katzen miauen? Mäusebussarde. Oft sieht man sie im Frühjahr an Waldrändern im Aufwind segeln. Manchmal allerdings miaut es auch aus dem Starenkasten: Stare klauen nämlich mit Vorliebe Geräusche und Töne aus ihrem Umfeld und bauen sie in ihre Kompositionen ein. Wer genau zuhört, erkennt im Starenlied vielleicht auch den Hundepfiff des Nachbarn, das Quietschen einer seit Wochen ungeölten Tür, den Pfiff des Schiedsrichters vom nahe gelegenen Fußballfeld oder Handyklingeltöne.

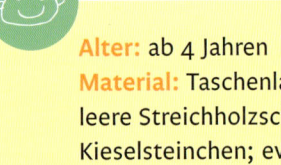

**Alter:** ab 4 Jahren
**Material:** Taschenlampe, leere Streichholzschachtel, Kieselsteinchen; eventuell Vogelstimmen-CD, Vogelbestimmungsbuch
**Mitspieler:** 1 Erwachsener und 1–4 Kinder (eine größere Anzahl Kinder ist meist so geräuschvoll, dass ein Belauschen von Tieren nicht mehr möglich ist – aber manchmal bestätigen Ausnahmen ja die Regel)
**Schwierigkeitsgrad:** von einfach bis schwierig, je nach belauschter Tierart

**1** *Ein Buchfink singt täglich rund 2000 Strophen!*

**2** *Kieselklappern lockt Laubfrösche aus der Reserve.*

**3** *Die Singdrossel, der Vogel, der alles dreimal sagt.*

## Einer, der den Schnabel nicht halten kann

Ein guter Vogel für Einsteiger ist der Buchfink – schon deshalb, weil er zuverlässig den ganzen Tag über zu hören ist. Jedes Buchfinkenlied schließt mit einem typischen Schnörkel ab, der für die einen wie »wietju« klingt, für die anderen eher wie »wiedelü«.

Haben sich Kinder das Finkenlied erst einmal eingeprägt, werden sie bald feststellen, dass sie geradezu von Buchfinken umzingelt sind: Von allen Seiten schallt der Finkenjodler aus den Bäumen. Aber warum nur strengen sich die Vogelmännchen so an?

Weil sie sich die Konkurrenz vom Leibe halten wollen. Die fast pausenlos schmetternden Buchfinken geben Kindern eine erste Vorstellung davon, was ein Territorium ist: ein Stück Privatbesitz, in dem kein Artgenosse des gleichen Geschlechts geduldet wird. Buchfinkenmännchen singen, um ihren landlosen Artgenossen schon von Weitem zu melden, dass dieses Territorium vergeben ist. Ihr Gesang ist ein akustisches Warnschild: »Besetzt! Betreten verboten! Verkrümelt euch, aber flott!«

Leicht zu erkennen ist auch das einsilbige »djü« von Dompfaffen. Es lässt sich leicht nachpfeifen und beschert Kindern das faszinierende Erlebnis, dass sie mit einem wilden Tier »reden« können. Dompfaffe antworten nämlich bereitwillig.

Auch mit frei lebenden Laubfröschen lassen sich prima »Gespräche« führen. Man muss sich nur abends auf leisen Sohlen in eine Kiesgrube oder an einen Tümpel schleichen, wo die kläffenden Gesänge der Laubfrösche zu hören sind. Schüttelt man dann eine leere Streichholzschachtel mit ein paar Kieselsteinen darin, klingt das in den Ohren der Frösche wie ein quakender Kollege – und den muss man natürlich sofort übertönen!

# Sommer – alles im Fluss

*Nach dem rasanten Start im Frühling ist das Leben im Sommer auf gleichmäßigere Bahnen eingeschwenkt. Spannendes gibt es vor allem in den großen Insektenstaaten und beim Kleinvolk der Wiesen zu entdecken. Welche Blumen findet eine Biene schön? Woran erkennt eine Heuschrecke ihren Traummann? Und wie kommen Schnecken vom Fleck?*

## Bienen auf Blumensuche

Wenn Kinder eine Weile an Blumen oder blühenden Büschen gesessen und sich das Kommen und Gehen dort angesehen haben, merken sie bald, dass alle Insekten ihre Lieblingsblumen haben. Käfer mögen ganz andere Blüten als Bienen, Schwebfliegen trinken ihren Nektar woanders als Hummeln. Aber diese Vorlieben gehen noch viel weiter: Bienen interessieren sich heute für ganz andere Blüten als morgen oder übermorgen. Sie benehmen sich so, als stünde irgendwo ein großes Schild »Heute im Angebot: Hah-nenfußhonig« oder »Schnäppchen des Tages: Löwenzahnnektar«. Wenn sie einmal an einer rentablen Blütensorte aufgetankt haben, dann bleiben sie fürs Erste auch dabei.

Sobald die Kinder die Namen von ein paar häufigen Blumen kennen, sind sie bereit für dieses Spiel und können selbst Biene spielen: Alle Kinder summen als »Bienen« am Wegrain entlang – wer Lust hat, mit ausgebreiteten Flügelarmen. Eines der Kinder darf ausrufen, was heute der »Honig des Tages« ist. Wenn es zum Beispiel »Taubnessel« ruft, sucht jedes Kind schnell eine Taubnesselblüte und läuft hin. Wird »Glockenblume« ausgerufen, muss jede »Biene« schnell eine Glockenblume finden. Wer seine Blume als Erster gefunden hat, darf die nächste Blumentankstelle ausrufen. Es ist verblüffend, wie schnell Kinder auf diese Weise einen Blick für verschiedene Blütenformen bekommen und sich die Pflanzennamen einprägen.

Für kleinere Kinder kann das Bienenspiel vereinfacht werden: Sie müssen zum Beispiel nicht eine rosa Lichtnelke finden, sondern nur auf das Suchwort »rosa« zur richtigen Blütenfarbe hinlaufen.

**Alter:** ab 6 Jahren
**Spielplatz:** ein möglichst blumenreicher Wegrain
**Mitspieler:** mindestens 4 Kinder
**Schwierigkeitsgrad:** die Kinder müssen bereits einige Blumennamen kennen

1 Bienen haben ein super Gedächtnis für Blütenmuster und -farben.

2 Zweig oder Raupe? Die Spannerraupe ist perfekt getarnt.

3 Tiefe Blütenröhren sind das Spezialfach von Hummeln.

## Raupe gesucht!

Ein Nest voller Junge – das bedeutet für Vogeleltern buchstäblich Futtersuche vom Morgengrauen bis zur Abenddämmerung. Kohlmeisen zum Beispiel haben bis zu 13 Junge in der Bruthöhle, und jedes einzelne davon hat pausenlos Hunger. Für die Eltern bedeutet das bis zu 900 Futterflüge pro Tag. Woher nehmen die Vögel bloß die unzähligen Happen und Häppchen für ihre Brut? Raupen – das wichtigste Futter für kleine Meisen – sind oft nämlich so gut getarnt, dass man sie erst auf den dritten Blick entdeckt. Manche sehen aus wie Vogelkot, andere wie Zweige, wieder andere sind grün wie Gras oder Laub und fast unsichtbar. Meisen haben eben einen perfekten Suchblick. Ob unsereins das wohl auch lernen kann? Da hilft nur Ausprobieren: Zunächst wird die Spielfläche mit Stöcken und Flatterband oder Bindfaden abgesteckt. Je mehr Kinder mitspielen, desto größer muss die Fläche sein. Für drei Mitspieler dürfte ein Areal von 10 × 10 m genügen, bei einem schmalen Wegrain natürlich entsprechend länger.

**Alter:** ab 6 Jahren
**Spielplatz:** Wiese, Wegrain oder Waldstück
**Material:** etwa fingerlange Holzstäbchen oder Holzwäscheklammern in verschiedenen Farben, Flatterband oder Bindfaden, Stöcke
**Mitspieler:** mindestens 3 Kinder
**Schwierigkeitsgrad:** schwierig; eine gute Beobachtungsgabe ist gefragt

## Die Raupen mit der Tarnkappe

Auf dem Spielfeld werden – natürlich, ohne dass die mitspielenden »Vogeleltern« zusehen können – verschiedenfarbige Holzstäbchen verteilt. Wichtig ist, dass von jeder Farbe gleich viele Stäbchen ausgestreut werden. Anschließend gehen die »Vogeleltern« auf Futtersuche, wobei jeder versucht, so viele Stäbchen wie möglich zu finden. Nach einer festgesetzten Zeit wird abgezählt: Wer hat wie viele »Raupen« erwischt? Und genauso wichtig: Von welcher Farbe wurden die meisten gefunden? Bei diesem Spiel wird Kindern bewusst, welche Rolle Tarnung in der Natur spielt: Die tarnfarbigen braunen und grünen Stäbchen werden viel leichter übersehen als die knallroten oder leuchtend gelben.

Mit älteren Kindern ab etwa 8 Jahren kann man in die nächste, raffiniertere Runde gehen: Die Anzahl der übrig gebliebenen, nicht gefundenen Hölzchen wird beim neuen Austeilen jeweils verdoppelt. Sind also zwei rote Stäbchen nicht gefunden worden und stecken noch irgendwo im Spielfeld, werden für die nächste Runde vier weitere rote Stäbchen im Spielfeld verteilt. Sind acht braune Stäbchen nicht gefunden worden und »noch unterwegs«, werden zusätzlich 16 braune Stäbchen ausgestreut. Warum? Weil sich die tarnfarbenen »Raupen«, die von den »Vogeleltern« übersehen worden sind, mittlerweile vermehren konnten und jetzt langsam die Oberhand bekommen.

Die Kinder merken natürlich, dass die Suche nach den gefärbten Stäbchen immer mühsamer wird, denn alle leicht sichtbaren Holzstäbe sind bereits gefunden und nur die gut getarnten noch zu haben. Mit der Zeit machen sie aber auch die Erfahrung, dass es ihnen immer leichter fällt,

1 Manche Raupen tragen eine Tarnkappe: Diese Raupe des Kleinen Schillerfalters ist fast nicht von dem Blatt zu unterscheiden, auf dem sie herumkriecht.

2 Ein Nest voller Jungen satt zu bekommen, ist ganz schön anstrengend für das Rotkehlchen!

3 Das kleine Mädchen lässt sich auf den Armen seine Freunde schaukeln, als wäre es ein Fisch im Wasser.

braune oder grüne Stäbchen zu entdecken. Sie haben sich auf deren Tarnfärbung eingestellt und einen immer besseren Suchblick dafür entwickelt – genau wie die Kohlmeisen, die Raupen selbst dann aufspüren, wenn sie aussehen wie Stöckchen, Blätter oder Vogelkot.

## Wie ein Fisch im Wasser

Wer sich fühlt »wie ein Fisch im Wasser«, der ist ganz in seinem Element, der fühlt sich sicher und geborgen. Ein Fisch wird von den Wellen hin- und hergeschaukelt und vom Wasser getragen. Er schwebt in seinem Element, ohne jede Anstrengung. Je mehr Mitspieler bei diesem Spiel dabei sind, desto sicherer und wohler fühlt sich der »Fisch im Wasser«. Ein Kind darf Fisch sein, die anderen sind das Wasser. Die Wasserkinder stellen sich in zwei Reihen einander gegenüber und fassen sich so an beiden Händen, dass eine Art Hängematte aus Armen entsteht. Der Fisch darf sich auf diese Hängematte legen und sich schwingen lassen. Am schönsten ist es, wenn er dabei die Augen schließt und einfach das Schwingen und Schaukeln der Wellen genießt. Sachte wird er hin und her gerollt, auf und ab geschwungen. Wenn der Wellengang stürmischer wird, kann es auch mal

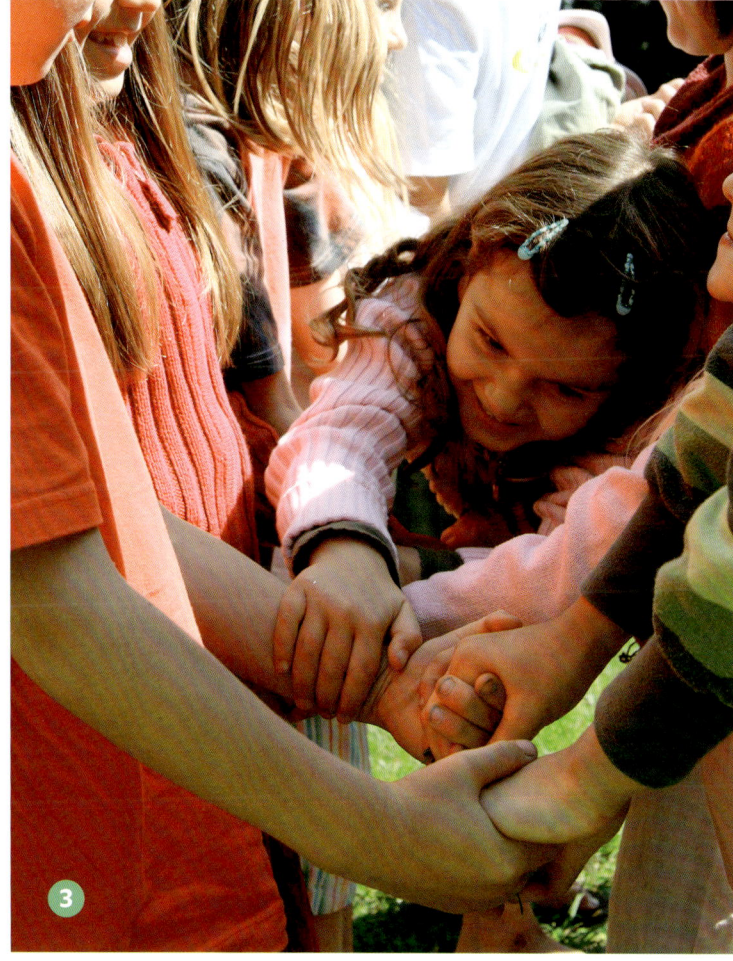

passieren, dass ihn die Wellen ein wenig nach oben schleudern (das heißt, dass ihn die Hängematte aus Armen ein wenig hochwirft und wieder auffängt). Wichtig ist, dass sich die Wasserkinder bewusst sind, welche Verantwortung sie für ihren Fisch haben. Oberste Regel ist, dass niemand die gegenüberliegende Hand loslässt! Der Fisch muss sich absolut auf die Wellen ver

lassen können! Dann – und nur dann – ist dieses Spiel eine wunderbare Vertrauensübung. Für alle Beteiligten.

**Alter:** ab 6 Jahren
**Mitspieler:** mindestens 9 Kinder; je mehr, desto besser
**Schwierigkeitsgrad:** einfach; fördert das Vertrauen

47

1 Zwei Ameisen »beschnuppern« sich mit den Fühlern.

2 Nur wer »richtig« riecht, wird von den Ameisenwächtern durchgelassen.

## Ameisenwächter

Ameisen riskieren Leib und Leben, um ihre Kolonie zu verteidigen. Aber woran erkennen sie überhaupt, wer zu ihrer Kolonie gehört? Woher wissen sie, wer ein bekämpfenswerter Feind und wer ein unterstützenswürdiger Freund ist?
Sie riechen es. Wer genau beobachtet, kann zusehen, wie das vor sich geht: Jedes Mal, wenn sich zwei Ameisen begegnen,

**Alter:** ab 6 Jahren
**Mitspieler:** mindestens 5 Kinder; je mehr, desto besser
**Schwierigkeitsgrad:** das Spiel setzt gutes Unterscheidungsvermögen für Gerüche voraus

betrillern sie sich blitzschnell mit den Fühlern (bei Ameisen sitzt die Nase nämlich gewissermaßen auf den Fühlern) und überprüfen damit die Geruchsidentität ihres Gegenübers. Die winzigen Mengen an Duftstoffen, die eine Ameise mit ihren Fühlern am Körper der anderen Ameise wahrnimmt, genügen ihr als Information: Nur wer den »richtigen« Koloniegeruch hat, darf unbehelligt seiner Wege gehen.
Doch einige Käfer und andere Insekten haben sich darauf spezialisiert, sich die Gerüche von Ameisenkolonien anzueignen. Seltsamerweise schöpfen die Ameisen selbst dann keinen Verdacht, wenn diese Eindringlinge einer Ameise überhaupt nicht ähnlich sehen. Das Einzige, was

für sie zählt, ist der Geruch. Solange die Fremdlinge »korrekt« riechen, werden sie ins Nest getragen, gefüttert und gehätschelt, als wären sie rechtmäßige Stammesangehörige. Doch die meisten Hochstapler werden sicher entlarvt: Wer falsch riecht, hat eben keine Chance.

### Immer der Nase nach

Beim Spiel »Ameisenwächter« werden zwei Kinder zu Ameisenwachposten gewählt, die anderen spielen entweder Ameisenarbeiterinnen, die ständig am Nest ein- und ausgehen, oder »Betrüger«, die unrechtmäßig ins Nest einzudringen versuchen. Wer möchte, kann sich zum Zeichen seiner Ameisenwürde noch zwei kleine Zweige als Fühler in die Haare stecken.

Zuerst werden die beiden Wachposten – natürlich mit verbundenen Augen – mit dem Stammesgeruch bekannt gemacht. Das kann zum Beispiel der Duft von Heckenrosen sein, von zerriebenen Kamillenblüten, von Thymian, den Blüten von Geißblatt, Oregano oder Linde. Wichtig ist, dass die Pflanze allen Kindern leicht zugänglich ist. Wenn Naturdüfte schwer zu finden sind, tun es auch ein paar Tropfen Duftöl.

Sind die Wächter eingewiesen, nehmen sich die übrigen Mitspieler ebenfalls entweder eine Duftprise vom Stammesgeruch (also beispielsweise eine Wildrosenblüte oder eine Lindenblüte), um sich als Stammesangehörige ausweisen zu können. Oder sie entscheiden sich dafür, »Betrüger« zu sein, und wählen eine andersartig duftende Blüte oder ein anderes Duftöl.

Nun können die Wächter ihren Dienst antreten: Der Durchschlupf zwischen zwei Bäumen wird zum Eingangstor des Ameisenhaufens erklärt, und jeder, der hier durchlaufen will, muss sich zuerst vor den beiden Wachposten per Duft ausweisen: Jeder Besucher lässt die beiden zuerst an seinem Duftblatt oder seiner Blüte schnuppern. Sie müssen nun erschnüffeln, ob sie ein rechtmäßiges Koloniemit-

glied vor sich haben oder ob da jemand einzudringen versucht, der ihnen verdächtig in die Nase sticht.

Merkt der Wachposten einen Betrug nicht, darf nun der erfolgreiche Betrüger den Posten übernehmen, während der betrogene Wachposten zur Ameisenarbeiterin wird. Aber auch dann, wenn der Wachposten falschen Alarm schlägt und versehentlich einen rechtmäßigen Besucher abweist, werden die Rollen getauscht: Die abgeblitzte Ameise avanciert zum Wachposten, und der irregeführte Wachposten wird zur Ameisenarbeiterin degradiert.

**Vorsicht: Es ist sehr wichtig, dass keine Giftpflanzen in der Nähe wachsen, die von den Kindern versehentlich als Duftausweis erwischt werden könnten! Unbedingt vor Spielbeginn das Gelände daraufhin absuchen.**

# Schneckenderby

Wer einer Schnecke zusieht, wie sie über ein Blatt kriecht, möchte an Hexerei glauben. Wie kommt sie nur vom Fleck? Sie hat keine Beine zum Laufen, keine Krallen, um sich vorwärtszuziehen, keine Flossen, keine Schieber – einfach nichts ist zu sehen, das sie voranbringen könnte. Und doch bewegt sie

sich, und gar nicht mal so langsam.

Wenn man die Schnecke auf eine Glasplatte setzt und sich die ganze Sache von unten ansieht, wird das Mysterium schon verständlicher: Während die Schnecke kriecht, laufen über die muskulöse Kriechsohle ständig dunkle Wellen. Die Muskeln in der Sohle ziehen sich nämlich abschnittsweise zusammen und bilden quer liegende Wellenberge, die den Körper jeweils ein kleines Stück weit vorwärtsstemmen. Und da diese Wellenberge die Sohle in Serie, sozusagen in Reihe geschaltet, durchlaufen, bewegt sich die Schnecke auf ihnen wie ein Raupenfahrzeug vorwärts.

Wenn wir gezwungen wären, uns auf dem Bauch liegend mit verschränkten Armen vorwärtszubewegen, würden wir das Problem wohl ähnlich lösen: Wir würden die verschränkten Arme vor uns einstemmen, sie dann nach hin-

**Alter:** ab 6 Jahren
**Material:** Glasplatte, wasserfester Filzstift, Gehäuseschnecken (zum Beispiel Hainschnirkelschnecken)
**Mitspieler:** mindestens 2 Kinder und 2 Schnecken
**Schwierigkeitsgrad:** leicht; erfordert Rücksichtnahme und Geduld

49

ten drücken und den Körper auf diese Weise Stück für Stück vorwärtsziehen.

Unter den kleinen Kriechern gibt es richtige Rennschnecken, aber auch Exemplare, die es eher mit dem sprichwörtlichen Schneckentempo halten. Welche Schnecke Feuer in der Kriechsohle hat und welche das Leben eher gelassen angeht, findet man am besten in einem Schneckenderby heraus: Jeder Teilnehmer sucht sich eine Gehäuseschnecke und malt mit dem Filzstift die Startnummer auf das Häuschen. Die beste Rennbahn ist ein angefeuchtetes, glattes Brett mit einer markierten Startlinie, das für Schnecken völlig

uninteressant ist. Würde man die Sprinter auf einem großen Blatt wettkriechen lassen, würden sie wohl eher anfangen zu fressen als zu kriechen.

## Auf die Bretter, fertig ... los!

Auf das Startsignal hin werden die Schnecken vorsichtig an der Startlinie auf das Brett gesetzt. Das Rennen ist jetzt im Gange, und von den Schneckenjockeys ist höchste Konzentration gefordert. Falls die Rennschnecken beschließen, die Gegenrichtung einzuschlagen oder aus ihrer Bahn auszubrechen, können die Jockeys ihre Favoriten behutsam

mit einem Grashalm oder Zweig anstupsen, um sie auf den rechten Weg zurückzubringen. Aber Vorsicht: Schnecken sind sensibel! Korrigiert man ihre Richtungswahl zu energisch oder versucht, sie zur Eile anzutreiben, ziehen sie sich verschreckt in ihr Gehäuse zurück und kriechen überhaupt nicht mehr. Als Schneckenjockey bewährt sich nur, wer rücksichtsvoll und geduldig ist. Natürlich werden die Sprinter nach abgeschlossenem Rennen wieder an einer angenehm feuchten Stelle mit viel Grünzeug ausgesetzt. Übrigens: Schneckenrennen gibt es tatsächlich. In der französischen Stadt Colmar wird jedes

1 Die Rennschnecken machen ihre Sache gut, das Schneckenderby ist in vollem Gange.

2 Jede Heuschreckenart hat ihren eigenen unverwechselbaren Rhythmus.

Jahr ein Weinbergschneckenrennen ausgetragen! Jede Schnecke bekommt dort ihre eigene angefeuchtete Bahn, und nach 15 Minuten wird gemessen, wie weit die Kriecher gekommen sind. Der Rekord liegt derzeit bei 0,002 km/h!

## Heuschreckenhochzeit

Wenn Feldheuschrecken-Männchen in Hochzeitsstimmung sind, ist das nicht zu überhören: Pausenlos ist im Hochsommer auf Wiesen und an Feldrainen ihr Zirpen zu hören – für unsere Ohren ein höchst monotones Geräusch, für die Ohren artgleicher Weibchen aber unwiderstehliche Musik. Apropos: Wo sitzen bei Heuschrecken überhaupt die Ohren? Grillen und Laubheuschrecken hören seltsamerweise mit den Vorderbeinen; die Feldheuschrecken unserer Wiesen aber haben ihre Ohren … am Hinterteil!

Wenn man sich ganz still in eine Sommerwiese setzt, kann man die Heuschrecken nicht nur zirpen *hören,* sondern sogar zirpen *sehen:* Sie reiben nämlich einfach die Hinterbeine gegen die Vorderflügel. Dabei rattert eine Reihe winziger Zäpfchen an den Innenseiten der Hinterbeine über eine harte Ader am Vorderflügel – ganz ähnlich, als würde

man die Zinken eines Kammes zum Beispiel über ein Lineal oder einen Stock rattern lassen. Mit etwas Geduld lässt sich so ein Hüpfer fangen, und die Kinder können sich das Insekt und sein Zirpinstrument in der Becherlupe genau ansehen. Geduldige Kinder schaffen es sogar, ein paar der vielen Zirp-Rhythmen zu unterscheiden, die in einer Wiese zu hören sind. Heuschrecken zirpen nämlich nicht irgendwie vor sich hin. Jede Art hat ihren eigenen, unverwechselbaren Rhythmus und ihre eigene Tonhöhe.
Dann werden die Kinder selbst zu Heuschrecken. Eine Hälfte der Kinder spielt Heuschreckenweibchen. Und weil Heuschrecken im hohen Gras natürlich nichts sehen können, werden ihnen die Augen verbunden.
Die andere Hälfte spielt die Heuschreckenmännchen, die heftig zirpend die Weibchen auf sich aufmerksam machen wollen. Zu diesem Zweck bekommt jedes

»Heuschreckenmännchen« einen Kamm, dem es mit Hilfe eines Stöckchens zirpende Heuschreckengesänge entlocken kann. Die »Männchen« verteilen sich nun im Spielgebiet und beginnen mit ihrem Zirpkonzert; die »Weibchen« versuchen, sich mit verbundenen Augen und gespitzten Ohren an sie heranzutasten.
Kinder mit gutem Rhythmusgefühl können die Heuschreckenhochzeit auch schwieriger gestalten: Je ein »Heuschreckenweibchen« und ein »Heuschreckenmännchen« bekommen denselben Rhythmus zugeteilt, z. B. lang-kurz-kurz oder lang-kurz-lang-kurz. Anschließend verteilen sich die Männchen wieder im Spielgebiet und zirpen – jedes in seinem eigenen Rhythmus. Die Weibchen aber müssen diesmal nicht irgendein Männchen finden, sondern nur dieses eine ganz spezielle, das »auf ihrer Wellenlänge funkt«.

**Alter:** ab 6 Jahren
**Material:** Tücher zum Augenverbinden, Becherlupe (siehe S. 8), Taschenkamm, Steine und ähnliche Geräuschinstrumente
**Spielplatz:** ein freier Platz ohne Hindernisse, am besten eine abgemähte Wiese
**Mitspieler:** eine gerade Anzahl von Kindern – mindestens 6, besser mehr
**Schwierigkeitsgrad:** je nach Variante leicht bis mittelschwer; erfordert ein gutes Gehör für Rhythmen

# Herbstzeit – Spielzeit

*Wenn die Wiesen abgemäht sind und sich kein Bauer mehr (mit Recht!) über Kinderhorden ärgert, die durchs Gras toben, wenn die Luft kühler und klarer wird und man durch Berge von buntem Laub schwimmen kann, dann ist mit der farbenfrohen auch eine besonders kinderfreundliche Zeit des Jahres gekommen: Herbstzeit ist die beste Spielzeit.*

## Luchs und Hase

Ein Luchs hat bekanntlich Ohren wie ein Luchs; selbst das leiseste Geräusch entgeht ihm nicht. Wehe dem Hasen, der allzu geräuschvoll durch den Wald hoppelt. Der Luchs hat ihn im Nu erlauscht, erspäht und erbeutet. Nur wenn sich der Hase sehr, sehr leise bewegt, hat er eine Chance, dem großen Jäger zu entgehen.

Eine abgemähte Herbstwiese ist genau der richtige Spielort für »Luchs und Hase«. Ein Kind ist »Hase« und bekommt ein Glöckchen um den Knöchel gebunden; ein anderes Kind ist Luchs und bekommt die Augen verbunden. Luchs und Hase dürfen sich nur auf der Spielfläche bewegen, die mit Flatterband und Stöcken eingezäunt ist. Wenn genügend Kinder mitspielen, können sie sich an den Händen fassen und so das Spielfeld eingrenzen. Nun kann die Hasenjagd losgehen. Der Luchs bewegt sich langsam mit gespitzten Ohren über das Spielfeld und lauscht auf jedes Klingeln des Glöckchens, das der Hase am Fuß trägt. Der Hase versucht seinerseits, dem Luchs unauffällig und möglichst ohne einen Laut aus dem Weg zu gehen. Ist der Hase mit seiner Strategie allzu erfolgreich, kann der Luchs versuchen, ihn mit Scheinangriffen aus der Reserve zu locken: Er kann einen Sprung dorthin machen, wo er den Hasen vermutet. Wenn er Glück hat, kommt er mit einem seiner Bluff-Angriffe seinem Opfer so nahe, dass dieses sich schnell – und natürlich laut klingelnd – in Sicherheit bringen muss; und schon weiß der »Luchs« Bescheid, wo sich seine Beute aufhält. Hat der »Luchs« den »Hasen« erwischt, darf ein anderes Hase-Luchs-Team in den Ring.

## Hering Hugo

Heringe fühlen sich im Pulk am wohlsten – aber wie schaffen sie es, dass sie sich im Schwarmgedränge nicht pausenlos anrempeln? Behalten sie sich ständig im Auge? Wohl kaum. Auch der gelenkigste Hering kann nicht sehen, was sich seitlich und hinter ihm abspielt. Aber er kann es fühlen! Wenn man genau hinsieht, entdeckt man bei Fischen eine dünne, leicht geschwungene Linie, die sich vom Kopf zum Schwanz zieht. Mit dieser Seitenlinie können Fische jede kleinste Druckwelle im Wasser wahrnehmen. Und weil jeder Fisch im Schwarm mit

**Alter:** ab 6 Jahren
**Spielplatz:** ein freier Platz ohne Hindernisse, am besten eine abgemähte Wiese
**Material:** ein Tuch, ein Glöckchen; eventuell Flatterband und Stöcke zum Abgrenzen der Spielfläche
**Mitspieler:** mindestens 3 Kinder; je mehr, desto besser; die Gäste eines Kindergeburtstags wären ideal
**Schwierigkeitsgrad:** mittelschwer; fördert die Konzentration und Motorik

1 *Luchs und Hase: Mit allen Tricks und Finessen versucht der Hase…*

2 *… dem Luchs zu entkommen. Doch der hört mit seinen Superohren das leiseste Geräusch.*

jedem Flossenschlag Druckwellen aussendet, weiß ein Hering jederzeit, wie dicht ihm der Nachbar auf der Pelle sitzt, ohne dass er sich dazu umsehen müsste. Es ist, als hätten Heringe am ganzen Körper Augen. Oder Ohren. Den meisten Schwarmfischen ist übrigens eine Körperlänge Abstand am liebsten: nah genug, um sich sicher zu fühlen, aber weit genug entfernt, um frei manövrieren zu können.

### Auf den richtigen Ton kommt's an

Das ideale Spielfeld für »Hering Hugo« ist eine abgemähte Wiese, wo nichts zertrampelt werden kann. Je mehr Kinder im Heringsschwarm mitspielen, desto besser. Einer wird zu »Hering Hugo« ernannt, bekommt die Augen verbunden und muss während des ganzen Spiels die Arme verschränkt lassen. Dann kann es losgehen: Der ganze »Heringsschwarm« setzt sich langsam über die Wiese in Bewegung; dabei summt jeder »Hering« ständig leise und gleichmäßig vor sich hin. »Hering Hugo« steckt mit verbundenen Augen mitten im Schwarm und muss nun versuchen, mit den anderen mitzuhalten, ohne dabei jemanden anzurempeln. Sehen kann er ja nichts, und

Tasten scheidet wegen der verschränkten Arme aus. Er kann sich nur vom Summen der anderen Heringe leiten lassen. Wenn das Summen lauter wird, ist ihm

**Alter:** ab 6 Jahren
**Spielplatz:** ein freier Platz ohne Hindernisse, zum Beispiel eine abgemähte Wiese
**Material:** ein Tuch zum Augenverbinden
**Mitspieler:** mindestens 5 Kinder
**Schwierigkeitsgrad:** mittelschwer; fördert die Konzentration

jemand näher gekommen, wird es leiser, hat sich der Abstand vergrößert. Gar nicht so einfach, die goldene Mitte zwischen »zu nah« und »zu weit weg« zu finden! Nach einer Runde um die Wiese wird »Hering Hugo« vom nächsten Kind abgelöst.

## Alle Spinnen fliegen hoch!

Früher glaubten manche Leute, es seien die Haare der Heiligen Maria, die einem im Herbst um die Nase schweben. Andere hielten sie für Gespinste von Elfen oder Zwergen. In Wirklichkeit sind es die Spinnfäden winzig kleiner Spinnen, die im Herbst durch die warme Luft segeln. Wie sie das machen? Sie recken einfach ihr Hinterteil in die Luft und spinnen dabei einen Faden. Ist dieser Flugfaden lang genug, wird er vom Wind erfasst und trägt die daranhängende Jungspinne mit sich fort. Auf diese Weise kann der Spinnennachwuchs weit entfernte Gebiete besiedeln, die sonst unerreichbar wären.

Wissenschaftler haben herausgefunden, dass die Minispinnen in gewissem Grad sogar selbst bestimmen können, wie hoch und wie lang ihre Flugreise gehen soll: Je länger der Faden, desto weiter wird er samt Spinne verfrachtet. Mehrere Hundert Kilometer weit und mehrere Tausend Meter hoch kann so eine Spinnenreise gehen!

Die Kinder hören sich die Geschichte von einer kleinen Baldachinspinne an, die im Herbst an ihrem Faden auf die Reise geht. Anschließend wird ein Kind zur Spinne erwählt, bekommt ein langes Band locker (!) durch eine Gürtelschlaufe gezogen und rennt los. Die anderen versuchen, bei der Verfolgungsjagd das Band zu erwischen und den »Flug« der kleinen Baldachinspinne zu beenden. Wer das Band erbeutet hat, darf als Nächster als Spinne auf Flugreise gehen.

Das Spiel eignet sich hervorragend, um Spinnenängste abzubauen!

**Alter:** ab 6 Jahren
**Spielplatz:** ein freier Platz ohne Hindernisse, am besten eine abgemähte Wiese
**Material:** ein langes rotes Band (z. B. Geschenkband)
**Mitspieler:** mindestens 3 Kinder; je mehr, desto besser
**Schwierigkeitsgrad:** leicht; genau das Richtige, um sich richtig auszutoben

## Das große Netz

Warum werden bestimmte Schmetterlinge selten, wo die Ameisen zurückgehen? Warum hat der Raufußkauz in Wäldern einen schlechten Stand, in denen der Schwarzspecht verschwunden ist? Warum verschwinden viele Vogelarten, wo Alligatoren selten werden? Die vielfältigen Verflechtungen und Abhängigkeiten von Tier- und Pflanzenarten untereinander gehören zu dem Kniffeligsten, was Wissenschaftler erforschen können. Das folgende Spiel vermittelt einen vagen Eindruck davon, was man sich unter dem komplizierten Netz des Lebens vorzustellen hat.

Zuerst müssen sich die Mitspieler über einen Lebensraum einigen – zum Beispiel Teich, Hecke, Wiese –, dann bekommt jeder innerhalb dieses Lebensraums eine Rolle zugewiesen. Am besten, man schreibt Elemente aus dem gewählten Lebensraum auf Zettel und lässt dann jedes Kind einen Zettel ziehen. Ist die Entscheidung für den **Lebensraum Wiese** gefallen, kann ein Kind zum Beispiel Löwenzahn sein, ein anderes Schnecke, wieder andere sind Star, Brachvogel, Feldhase, Regenwurm, Wühlmaus, Kiebitz oder Mäusebussard. Wichtig ist, dass alle Kinder wissen, welche Rolle die Lebewesen ihres Lebensraums spielen und in welcher Weise sie voneinander abhängen.

Nun bekommt ein Kind ein Knäuel Bindfaden, nennt seine Identität und wirft das Knäuel einem anderen Wiesenbewohner zu, mit dem es in Beziehung steht; das Ende der Schnur behält es dabei in der Hand. Das Spiel könnte beispielsweise so ablaufen: Der »Löwenzahn« behält das Schnurende in der Hand, fragt nach dem »Feldhasen« und wirft ihm das Schnurknäuel zu, denn der Feldhase frisst Löwenzahn. Der Feldhase hält die Schnur fest und wirft das Knäuel dem »Mäusebussard« zu, denn Mäusebussarde fressen junge Feldhasen. Vom Mäusebussard könnte das Knäuel zurück zum Feldhasen und von dort zum Regenwurm wandern, denn Regenwürmer verarbeiten pflanzlichen Abfall, also auch die Kötel von Feldhasen usw.

1 Hering Hugo: Fische haben selbst im dichten Schwarm nie »Auffahrunfälle«.

2 Wer das grüne Tuch erwischt, ist als Nächster die »Spinne«!

3 Hinterteil hoch: Die nächste Brise weht die Spinne an ihrem Faden davon.

55

1 Das große Netz: Jedes Kind stellt ein Lebewesen dar, und die »Schnurkontakte« verdeutlichen, wie vielfältig diese Lebewesen miteinander verbunden sind.

Am Schluss sind alle Wiesenbewohner über das Schnurknäuel vielfach miteinander vernetzt und verbunden. Ruckt einer der Mitspieler an der Schnur, spüren alle anderen den Ruck ebenfalls: Sie alle sind auf komplexen Wegen voneinander abhängig. Wenige Spiele machen so deutlich, warum jedes kleine Element einer Lebensgemeinschaft für die Stabilität des Ganzen wichtig ist.

**Alter:** ab 10 Jahren
**Spielplatz:** ein freier Platz ohne Hindernisse, am besten eine abgemähte Wiese
**Material:** ein dickes Knäuel Bindfaden
**Mitspieler:** je mehr Kinder, desto besser; 6–7 sollten es mindestens sein
**Schwierigkeitsgrad:** das Spiel setzt bei den Kindern einiges Wissen über die wechselseitigen Abhängigkeiten von Tieren und Pflanzen voraus

## Vorschläge für weitere Lebensräume und ihre Bewohner

**Lebensraum Tümpel** mit Libelle, Teichfrosch, Wasserschlauch, Wasserfloh, Algen, Stockente, Köcherfliege, Tellerschnecke. Der Wasserschlauch – eine fleischfressende Pflanze – »frisst« den Wasserfloh; der Wasserfloh und die Kaulquappe ernähren sich von Algen. Libellenlarven und Stockenten fressen Kaulquappen, aber Stockenten fressen ihrerseits auch Libellenlarven und junge Tellerschnecken, seihen die Triebe des Wasserschlauchs aus dem Wasser und

schnappen sich junge Teich-
frösche, wenn sie sie erwischen.
Erwachsene Libellen können
einem Teichfrosch zum Opfer
fallen und erbeuten selbst
Köcherfliegen. Und sie alle werden nach ihrem Tod von den
Aas fressenden Tellerschnecken
abgeräumt.

Oder der **Lebensraum Feld-
hecke**: Hier leben unter anderem Neuntöter (ein räuberischer
Vogel), Gelbhalsmaus, Weißdorn, Wacholderdrossel, Feldhase, Igel, Schnirkelschnecke,
Kreuzspinne, Brennnessel, Tagpfauenauge, Wiesel und Erdhummel. Die Raupen des Tag-
pfauenauges benagen die
Brennnessel, Erdhummel und
Schmetterling trinken Nektar
an den Blüten des Weißdorns,
Wacholderdrossel, Gelbhalsmaus und Igel fressen seine
Beeren, Igel und Gelbhalsmaus
holen sich aber auch die Brut
der Erdhummel oder fressen
Schmetterlingsraupen und
Kreuzspinnen, Wiesel, Neuntöter und Igel erbeuten außerdem Gelbhalsmäuse, junge
Wacholderdrosseln und aus
dem Nest gefallene Neuntöter;
die größeren Kreuzspinnen verspeisen das Tagpfauenauge oder
die Erdhummel, wenn ihr Netz
stark genug ist, um so große
Beute zu halten. Und der Neuntöter frisst bis zur Größe einer
Maus so ziemlich alles, was er
überwältigen kann.

## Ab in den Winterschlaf

Normalerweise werden Haupt-
rollen in Kinderspielen salomo-
nisch per Los vergeben, aber bei
diesem Spiel sind besondere
Qualitäten gefragt: Das Kind, das
den Igel spielt, darf keine Scheu
davor haben, Natur hautnah zu
erleben. Es darf sich nicht vor
kleinen Krabbeltieren fürchten,
die ihm vielleicht über die Arme
laufen, es muss sich auch mit
Blättern im Kragen und Zweigen
im Gesicht wohl fühlen – und das
können längst nicht alle Kinder.
Wenn der »Igel« gewählt ist,
nehmen zunächst einmal alle
Anteil an seinem Leben. Der
(erwachsene) Erzähler schildert,
wie schrecklich schwer es dem
Igel fällt, sich morgens auf die
Futtersuche zu machen, denn
die Herbstkälte kriecht ihm
empfindlich in die Glieder und
macht seine Beine schwer wie
Blei. Alle Kinder krabbeln als Igel
wie im Halbschlaf langsam auf
allen vieren durchs Herbstlaub.
Der Erzähler berichtet weiter,
wie schwer es dem müden Igel
fällt, jetzt noch schnelle Käfer
und starke Regenwürmer zu fangen. Die Kinder suchen als hungrige, schläfrige Igel unter Steinen und in morschem Holz nach
Insekten und Würmern und seuf-
zen und stöhnen jedes Mal zum
Steinerweichen, wenn ihnen
wieder ein leckerer Happen
entwischt ist.

Doch eines Tages – so weiß der
Erzähler – fasst der Igel einen
Entschluss: Wenn Wachbleiben
jetzt im Herbst so anstrengend
und frustrierend ist, dann kann
er sich ja auch schlafen legen.
Dann wird er eben erst wieder
auf die Futtersuche gehen, wenn
die Sonne ihn wärmt und die
Nächte nicht mehr so frostig
kalt sind. Alles, was er jetzt noch
braucht, ist ein kuscheliges,
gemütliches Blätterbett. Und
dann wird er bis zum Frühjahr
nur noch schlaaaaafen (alle
»Igel« gähnen herzhaft).
Das ist das Stichwort für den
auserwählten »Igel«: Er kauert
sich auf den Boden, rollt sich
eng zusammen und verfällt in
Winterschlaf. Die anderen Kinder
häufen welke Blätter auf ihn,
bis er ganz unter dem Laubberg
verschwunden ist.
Der Erzähler berichtet vom
Schnee, der den Igel in seinem
Nest zudeckt und ihn wärmt.
Von den Stürmen, die über ihn

**Alter:** ab 4 Jahren
**Spielplatz:** Laubwald mit viel
Falllaub; an den vorausge-
henden Tagen sollte es nicht
geregnet haben
**Mitspieler:** 1 Erwachsener,
mindestens 3 Kinder
**Schwierigkeitsgrad:** leicht;
ideal für Kinder im Kinder-
gartenalter

hinwegfegen, ohne ihm schaden zu können. Von dem Fuchs, der einmal kurz an dem Blatthaufen schnuppert, aber ruhig weiterzieht: Ein Igel mag zwar lecker sein, ist aber viel zu stachelig! Erst im Frühjahr, wenn die Tage langsam länger werden und die Sonne Kraft gewinnt und den Frost vertreibt, kommt der Igel allmählich wieder zu sich. Er überlegt einen Augenblick, wie er eigentlich heißt und wo er

ist, denn der letzte Herbst ist schon so schrecklich lange her und er hat so vieles vergessen. Dann räkelt er sich, streckt sich (was alle »Igel« genüsslich mitmachen), er merkt, dass er einen Bärenhunger hat, und macht sich sofort auf die Futtersuche. Und kein noch so schneller Käfer wird ihm entwischen, denn so gut ausgeschlafen wie jetzt war er schon lange nicht mehr!

Anmerkung: Das Kind, das als Igel unter den Blättern vergraben wurde, wird sicher erzählen wollen, wie es sich in seinem Raschelbett gefühlt hat. Hat es die Stimmen und Geräusche durch die Blätterschicht vielleicht nur noch gedämpft gehört? Hat die Blätterdecke ein wenig gewärmt? Hat es sich geborgen gefühlt oder war ihm in seinem Versteck ein wenig mulmig zumute?

1 Wenn die erste Scheu erst einmal überwunden ist, macht es einen Riesenspaß, im Herbstlaub zu wühlen und sich darin zu vergraben…

2 … genauso wie der Igel, der sich ein kuscheliges Winterlager in den welken Blättern gebaut hat.

# Winter – Welt in Weiß

*Der Winter ist eine Zeit ohne Gerüche und (fast) ohne Farbe.*
*Er ist aber auch eine Zeit, in der Verborgenes sichtbar wird.*
*Selbst die großen Heimlichtuer unter den Tieren verraten sich jetzt*
*durch ihre Spuren. Und dann gibt es ja sogar Tiere, die dort leben,*
*wo fast das ganze Jahr über Winter ist. Wie schaffen sie das nur?*

## Ochsenpower

Moschusochsen sind ungefähr so groß wie Ponys, aber viel stärker. Wenn die Tiere ihr Winterfell mit halbmeterlangen Haaren tragen, sehen sie ein wenig aus wie wandelnde Sofas, und ihre Kälber sind so ziemlich das Niedlichste, was es unter Tierbabys gibt: Sie sehen gar nicht wie Huftiere aus, sondern eher wie pelzige kleine Hunde. Auch Wölfe finden Moschuskälber zum Anbeißen, und sie nehmen das sehr wörtlich. Sollten sie allerdings ernsthaft versuchen, sich eines davon zu schnappen, bekommen sie mächtig Ärger – und zwar nicht nur mit der Mutter, sondern gleich mit der ganzen Herde. Moschusochsen rennen nämlich nicht davon, wenn sie angegriffen werden, sie bieten ihrem Gegner die Stirn. Egal wie trickreich sich die Wölfe an das Kalb heranzumachen versuchen, überall haben sie es mit einer Front aus Hörnern zu tun. Schulter an Schulter stehen die Moschusochsen da, die Hörner dem Gegner zugewandt, fast wie Fußballspieler vor dem Elfmeter. Und die Kälber, auf die es die Wölfe abgesehen haben, sind nicht mehr zu sehen. Hinter einer Wand aus pelzigen Leibern und spitzen Hörnern sind sie in Sicherheit – jedenfalls solange sie nicht die Nerven verlieren ...

Wenn acht Kinder mitspielen, ist ein Kind das Kalb, vier Kinder spielen die erwachsenen Moschusochsen, die das Kalb gegen Angreifer abschirmen, und drei Kinder bilden das Wolfsrudel. Die Wölfe versuchen nun mit allen Tricks, an das Kalb heranzukommen, das sich hinter den »Ochsen« verschanzt hat. Sie versuchen, mit einem Hechtsprung zwischen den »Ochsen« durchzuschlüpfen, das Kalb mit Scheinangriffen zu verunsichern und zu Fluchtversuchen zu verleiten. Kleiner Tipp: Wenn ein oder zwei Wölfe mit einem Scheinangriff die »Moschusochsen« ablenken, kann der dritte Wolf sich durch eine Lücke auf das Kalb stürzen. Ist das Kalb gefangen (berührt das »Kalb« mit beiden Schultern den Boden, wird es als »gefangen« gewertet), werden die Rollen getauscht: Die »Wölfe« werden zu Moschusochsen, die »Ochsen« verwandeln sich in Wölfe.

### Der Fluch der Feuerwaffen

Ein kleiner Rückblick zu den echten Moschusochsen: Ihre Strategie, sich Gegnern in geschlossener Front entgegenzustellen, war für den Gegenspieler Wolf zwar genau das Richtige. Doch als Menschen begannen, die Arktis zu erobern, und mit Gewehren durch die Eiswüsten zogen, ging es mit den Moschusochsen rapide bergab: Sie waren eine ungemein leichte Beute. Innerhalb weniger Minuten konnte ein einziger Mensch eine ganze Herde niederschießen. Vor 100 Jahren waren die urigen Tiere aus vielen Gebieten bereits verschwunden, heute bemüht

**Alter:** ab 6 Jahren
**Spielplatz:** ein freies Feld
**Mitspieler:** mindestens 8 Kinder; je mehr, desto besser
**Schwierigkeitsgrad:** das Spiel schult die Kooperation untereinander

man sich intensiv um ihren Schutz; durch Grönland, Norwegen und Schweden ziehen inzwischen wieder einige Herden.

## Wanderung der Pinguine

Vögel bekommen bekanntlich keine fertigen Jungen, sondern legen Eier und brüten sie dann aus. Damit die Eier immer schön warm bleiben und sich ungestört entwickeln können, bauen die Vögel der kälteren Klimazonen meistens perfekt isolierte Nester. Auch Kaiserpinguine sind Vögel, und auch sie müssen dafür sorgen, dass ihre Eier während der Brutzeit nicht auskühlen. Aber wo sollen sie in der Eiswüste der Antarktis Zweige, Gras und Moos für ein warmes Nest hernehmen? Wer als Vogel hier lebt, muss sich für sein Gelege etwas anderes einfallen lassen. Pinguine haben eine geniale Warmhaltemethode für ihren Nachwuchs gefunden: Sie legen sich das Ei und später das Junge einfach auf die Füße. Weil aber selbst auf stämmigen Pinguinfüßen nicht viel Platz ist, legen sie jeweils nur ein einziges Ei. Und damit es auch von den Seiten und von oben gut gewärmt wird, hängt die lockere Bauchhaut wie eine Kapuze darüber. Das schützt die Jungen selbst noch in Schneestürmen bei Temperaturen bis –60 °C!

Die Methode ist genial – aber sie hat auch ihre Nachteile: Wie kommt man als brütender Pinguin vom Fleck, wenn man ständig ein Ei auf den Zehen balancieren muss? Was tut man, wenn man sich zum Beispiel in einem Schneesturm einen besser geschützten Platz suchen will? Ganz einfach: Die Pinguine trippeln samt Ei oder Jungem auf den Füßen dorthin, wo sie hinwollen. Genau genommen haben die Kaiserpinguine also den Kinderwagen erfunden.

### Pinguinkinder lassen laufen

Bei dem Spiel »Wanderung der Pinguine« ist die Hälfte der Mitspieler Pinguinvater oder -mutter, die andere Hälfte spielt die Pinguinkinder. Die Pinguineltern sollten von Erwachsenen oder den älteren oder stärkeren Kindern gespielt werden. Die Pinguinkinder setzen sich nun bei ihren »Eltern« verkehrt

**Alter:** ab 6 Jahren
**Spielplatz:** ein freies Feld
**Mitspieler:** eine gerade Anzahl von Kindern; je mehr, desto besser – ideal ist es, wenn die Hälfte der Kinder älter oder deutlich stärker ist
**Schwierigkeitsgrad:** ein Spiel, das die Kooperation schult

herum so auf die Füße, dass sie mit dem Gesicht Richtung Knie zu sitzen kommen, und halten sich an den Beinen fest. Mit dieser lebenden Last auf den Füßen können sich ihre »Eltern« wirklich nur in kleinen Trippelschrittchen fortbewegen. Etwas flotter können die Großen marschieren, wenn sich die »Pinguinküken« auf die Füße ihrer »Eltern« stellen und sich an ihren Händen festhalten.

Nun kann das Rennen losgehen: Vom Startpunkt aus trippeln alle Pinguineltern mit ihrer lebendigen Fracht so schnell wie möglich los. Wer zuerst das Ziel erreicht, hat gewonnen.

## Hoppeln wie ein Hase, flitzen wie ein Fuchs

Wenn es frisch geschneit hat, sehen Wiesen und Felder an manchen Stellen aus, als hätte jemand rätselhafte Schriftzeichen hinterlassen. Mäuse stempeln ein Muster aus aneinandergereihten Anführungsstrichen in die Schneedecke, Füchse schreiben eine endlose Kette aus Punkten, zwei angedeutete Ausrufezeichen gefolgt von zwei Punkten stammen von Hasen, und Rehe hinterlassen eine Kette aus parallel gesetzten Kommas.

1  Moschusochsen halten zusammen!

2  Genauso wie ein Pinguinküken auf Vaters Füßen stehen darf...

3  ... so stellt sich beim »Pinguinrennen« ein Kind auf die Füße des Spielpartners.

Wenn die Kinder sich die verschiedenen Fährten angesehen und eingeprägt haben, können sie sich gegenseitig auf die Probe stellen: Ein Kind nach dem anderen denkt sich im Stillen ein Tier aus und tupft dann die Fährte dieses Tieres in den Schnee. Die anderen müssen raten, wer hier gemeint ist. Dieses Spiel stellt beide Seiten auf die Probe, das Publikum ebenso wie den Fährtenleger. Manchmal ist es allerdings ratsam, einen

Schiedsrichter zu ernennen, der aufkommenden Streit schlichten kann und entscheidet, wer bei Fehlern die Schuld trägt: der angeblich unfähige Fährtenleger oder das unterstellt ignorante Publikum …

Spurensuche und Spurenraten macht Spaß. Aber noch mehr Spaß macht es, selbst in die Haut der Tiere zu schlüpfen. Wie es sich wohl anfühlt, wie eine Maus durch den Schnee zu hüpfen? Wie ein Fuchs zu schlen-

**Alter:** ab 6 Jahren
**Spielplatz:** ein freies Feld
**Mitspieler:** mindestens 2 Kinder; je mehr, desto besser
**Schwierigkeitsgrad:** leicht; fördert das Einfühlungsvermögen in die Lebenswelt der Tiere

dern? Oder wie ein Hase zu hoppeln? Wie würde ein Dachs dahintrotten? Wie würde sich ein Wiesel durch den Schnee arbeiten? Einer aus der Gruppe darf einen Tiernamen sagen, die anderen versuchen, sich so fortzubewegen wie dieses Tier.

## Was hat der Seehund im Schnee verloren?

Ist zum Beispiel die Entscheidung auf »Hase« gefallen, versuchen die Kinder, wie ein Hase mit den »Hinterbeinen« die »Vorderbeine« zu überholen – gar nicht so leicht! Wenn »Marder« oder »Wiesel« angesagt werden, müssen die Akteure beim Hüpfen Hände und Füße jeweils nebeneinander aufsetzen – eine Gangart, die ganz schön anstrengend werden kann. Als Dachse schlendern die Kinder im gemütlichen Zotteltrab durch den Schnee. Als Wildschweine pflügen sie durch hohe Schneewechten oder suhlen sich. Als

1. Die kleine Lady in Pink robbt wie ein Seehund durch den Schnee.

2. So sieht es aus, wenn ein Fuchs über das Feld »schnürt«.

3. Mäusejagd: Das rote Tuch stellt die Maus dar, die durch den Wald huscht. Gar nicht so einfach, sie mit einem Schneeball zu treffen.

Seehunde müssen sie ihr ganzes Können mobilisieren (vergessen wir mal die Tatsache, dass sich kaum ein Seehund jemals mit Schnee auseinandersetzen muss): Sie müssen mit angelegten Armen raupenartig vorwärtsrobben – was selten ohne ein paar Mundvoll Schnee abgeht. Und was macht ein Pinguin, der es auf seiner Scholle eilig hat? Er wirft sich auf den Bauch und schiebt mit den Flügeln an. Ein besonderes Highlight ist die Rolle des Fischotters. Der schlittert nämlich mit Vorliebe auf dem Bauch hangabwärts.

## Mäusejagd

Bussarde haben beneidenswert scharfe Augen – aber nicht nur das: Sie besitzen sogar eine Art eingebautes Fernglas. Mit dem inneren Teil ihres Blickfeldes sehen sie die Dinge nämlich vergrößert. So entdecken sie den unmerklich zitternden Grashalm oder den minimal bewegten Erdklumpen, der die Maus verrät, wo für unsere Augen nichts als eine leere Wiese zu sehen ist. Noch verblüffender ist es, einem Bussard bei geschlossener Schneedecke beim Jagen zuzusehen. Gespannt sitzt er auf einem Zaunpfahl, die Augen unverwandt auf einen imaginären Fleck im scheinbar einheitlichen Weiß gerichtet. Plötzlich hebt er kurz die Schwingen,

setzt zu einem kurzen Gleitflug an und lässt sich mit vorgereckten Fängen und gespreizten Krallendolchen mitten in den Schnee fallen. Treffer! Als er sich mit schweren Flügelschlägen wieder hochwuchtet, baumelt ein pelziges Etwas zwischen seinen Fängen. Kleinste Bewegungen der Schneedecke müssen ihm verraten haben, wo sich der Zugriff lohnt.

Aber selbst ein routinierter Bussard muss x-mal auf die Jagd gehen, bis er einmal Erfolg hat. Wie schwierig es ist, einen Treffer auf eine bewegte Beute zu landen, können wir selbst nachempfinden. Die Maus ist für uns ein roter Stofflappen mit einer daran festgeknoteten Schnur, und ihr Weg über den Schnee wird von einem Kind gesteuert, das an der Schnur zupft – so unregelmäßig und unberechenbar wie möglich. Alle übrigen spielen Bussard auf der Mäusejagd: Sie versuchen, mit Schneebällen den roten Stofflappen zu treffen. Wer als Erster getroffen hat, darf als Nächster die Maus steuern.

**Alter:** ab 8 Jahren
**Spielplatz:** ein freies verschneites Feld
**Material:** ein paar Meter Bindfaden, ein Stück roter Stoff, klebriger Schnee
**Mitspieler:** mindestens 3 Kinder
**Schwierigkeitsgrad:** mittelschwer; erfordert Treffsicherheit!

# Der grüne Baumarkt

»Ich bin jetzt der Rehbock, und du bist meine Frau, und hier wohnen wir!« Der sechsjährige Sven zeigt seiner Schwester Eva-maria, vier, die »Naturhöhle« unter einer Trauerweide. Wenn sich Kinder in Gärten, Parks und Wäldern bewegen dürfen, finden sie im Nu Unterschlüpfe und Verstecke. Eine Theorie besagt, dass Kinder dabei unbewusst den Anbeginn der Menschheit nachspielen: Zu ihrer Sicherheit und ihrem Wohlbefinden brauchten unsere Ahnen einen Zufluchtsort, an den sie sich zurückziehen konnten und wo sie von keinem Säbelzahntiger oder Riesenbär bedroht wurden. Natürlich schlafen der »Spiel«-Rehbock und seine Frau nicht auf Stoffkissen, sondern stilecht auf Graslagern, die beiden sammeln Vorräte aus Hagebutten, Eicheln und Bucheckern, speisen aus Rindentellern, haben Lehmtassen auf dem Wurzelbord an der Wand und schmücken sich mit Ketten aus Beeren und Samen. Und wenn sie an Freunde einen Brief schreiben, kritzeln sie die Botschaft auf Birkenrinde. Alles, was die »Rehfamilie« zum Leben braucht, findet sich draußen vor der Tür. Jedes Zubehör aus der Welt des modernen Menschen würde hier nur stören.

Von solchen selbst gefundenen oder selbst gebauten Verstecken ist es nur ein kleiner Schritt zu Tierverstecken. Ein wenig An-leitung, ein kleiner Hinweis auf die Lebensweise mancher Tiere genügt, und die Kinder fangen an, auch für Vogel, Frosch und Fledermaus Behausungen zu bauen. Der Hummelkönigin errichten sie ein eigenes Schloss, dem Rotschwänzchen basteln sie einen Brutwinkel und für Igel und Erdkröte ertrotzen sie von den Eltern ein wenig heimelige Unordnung in einem Gartenwinkel.

# Frühling – alles für die Kleinen

*Nachwuchs und Familie sind im Frühling das Thema Nummer eins. Insekten und Vögel suchen jetzt nach sicheren Plätzen für ihre Brut – und nehmen menschliche Hilfestellung bei der Wohnungssuche gerne an. Auch das bunte Blütenmeer der Frühlingswiesen ist nichts anderes als der ansprechend verpackte Vermehrungsdrang der Blumen.*

## Hummelburg

Wenn Hummeln in Blüten herumkrabbeln, ist klar, was sie suchen: Nektar und Pollen. Und wenn Hummeln im Gras herumwuseln, was suchen sie dann? Verlassene Mauselöcher. Solche Löcher sind nämlich der ideale Rohbau, um darin einen Hummelstaat zu gründen. Zwar sind in modernen Gärten Mauselöcher aus gutem Grund selten, aber Wohnungen kann man den Hummelköniginnen trotzdem anbieten: Sie beziehen ersatzweise gerne auch Blumentöpfe aus Ton, wenn sie nur nett »möbliert« sind und das Umfeld stimmt.

**Alter:** ab 4 Jahren
**Material:** ein Blumentopf aus Ton, eine Schaufel, etwas gebrauchte Mäusestreu aus der Tierhandlung, ein paar flache Steine oder ein Brettchen
**Schwierigkeitsgrad:** leicht

An einem sonnigen, geschützten, trockenen Fleck im Garten, der bis zum Herbst ungestört bleibt, wird ein Loch ausgehoben, das gerade tief genug für den Blumentopf ist. Die Erde im Loch wird festgestampft, der Blumentopf wird mit Moos und etwas gebrauchter Mäusestreu aus der Tierhandlung gefüllt und kopfüber hineingestellt. Das Wasserabzugsloch zeigt jetzt nach oben und sollte ziemlich genau mit der Erdoberfläche abschließen; durch dieses Loch werden später die Hummeln ein- und ausfliegen. Falls es zu klein ist – 1,5 cm Durchmesser sollte es schon haben –, muss man es mit einer Eisenfeile vorsichtig etwas vergrößern.
Die Grube rund um den Topf wird nun so weit mit Erde aufgefüllt, dass der Blumentopf von allen Seiten gut eingebettet ist und nur noch der Topfboden mit dem Einschlupfloch aus der Erde ragt. Jetzt noch die Erde gut festdrücken, aus flachen Steinen und einem Brettchen ein Regen-

dach über dem Einschlupfloch bauen, und fertig ist die Hummelvilla. Der Mäuseduft der gebrauchten Streu, der aus dem Einschlupfloch herausweht, sagt vorbeifliegenden Hummeln von nun an, dass sie hier Quartier beziehen können.

## Appartementhaus für Insekten

Das Zuhause von Bienen ist der Bienenstock, oder? Nicht unbedingt. Es gibt nämlich eine Menge Bienenarten, die nicht gesellig leben, sondern ihre Brut allein großziehen und sich dazu

①

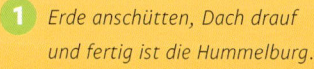

1   Erde anschütten, Dach drauf und fertig ist die Hummelburg.

2   Ein Bündel Halme und Zweige wird zum Insektenhotel.

3   Der »Hotelbau« ist kinderleicht.

alle möglichen Hohlräume und Löcher in Mauerwerk und Holz suchen. Weil solche Löcher in modernen Siedlungen und Städten kaum noch zu finden sind, werden viele Wildbienenarten immer seltener. Aber zum Glück kann man ihnen leicht Ersatz bieten.

Stroh- und Schilfhalme, Forsythienzweige, Sonnenblumenstängel, Brombeer- und Himbeerruten mit ihrem markgefüllten Inneren sind ein ausgezeichnetes Rohmaterial für ein Insektendomizil. Die Stängel werden mit einer Zweigschere oder einem Taschenmesser auf gleiche Länge gebracht (ca.

15 cm genügen) und bunt gemischt in eine leere, saubere Konservendose gefüllt. Wichtig ist, dass die Zweige und Stängel so stramm in der Dose sitzen, dass sie auch bei leichter Bewegung nicht herausfallen. Die gefüllte Dose wird nun an einer geschützten Stelle so aufge-

hängt, dass die offene Seite etwas abwärts geneigt ist, damit eingedrungenes Regen- oder Kondenswasser abfließen kann. Soll es statt einer mickrigen Blechdose lieber etwas Ansehnlicheres sein? Einen stilvolleren Behälter für die Stängel und Zweige bekommt man, wenn

**Alter:** ab 4 Jahren
**Material:** hohle oder markhaltige Stängel und Zweige, zum Beispiel von Holunder, Brombeere, Himbeere, Forsythie, Sonnenblume und Schilf, Taschenmesser oder Rosenschere, leere Konservendose oder ein Stück Plastikrohr, Bindfaden; eventuell Brettchen, Nägel, Hammer, Säge
**Schwierigkeitsgrad:** leicht

man drei etwa 30 cm lange und 15 cm breite Brettchen an den Schmalkanten zu einem Dreieck zusammennagelt. Am besten hängt man das Gehäuse an einer geschützten Stelle an der Hauswand auf. Die Mauer bildet dann quasi die Rückwand und verhindert, dass die Stängel herausfallen. Das Stängelbündel kann aber auch mit großen Rindenstücken umhüllt, eingeschnürt und aufgehängt werden. Insekten ziehen ihre Brut übrigens auch gerne in waagrecht aufgestellten oder aufgehängten Ziegelsteinen auf. Ebenfalls beliebt sind Hartholzblöcke, zum Beispiel aus Buche oder Eiche, in die man Löcher von unterschiedlichem Durchmesser bohrt. Warum es Hartholz sein muss? Weil Weichholz zu stark aufquellen würde, wenn es feucht wird, und die Eier und Larven in den Bohrlöchern zerquetschen könnte.

## Chaos für den Zaunkönig

Feldhecken können ganz schön »unordentlich« aussehen. Da steht Schlehe neben Weißdorn,

Liguster neben Wildrose, und die Zweige und Äste wuchern durcheinander, wie es ihnen gerade passt. Aber was dem menschlichen Ordnungssinn manchmal ein Dorn im Auge ist, das ist für Zaunkönig, Heckenbraunelle, Rotkehlchen und andere Gartenvögel ein Traum: Vögel brauchen das verfilzte Zweigwirrwarr, um sich und ihre Nester den Blicken ihrer Feinde zu entziehen. In wildem Gewucher finden sie außerdem reichlich Beute.

Zwar ist nicht in jedem Garten Platz für eine verfilzte Hecke, aber das eine oder andere Wohnungsangebot für Vögel lässt sich leicht verwirklichen. Im zeitigen Frühjahr ist der richtige Termin für das Bauprojekt gekommen. Kinder sind jetzt als sachkundige Ratgeber besonders gefragt: Wo würden sie als Vogeleltern wohl gerne ihre Wohnung beziehen? Wo würden sie sich als Vogel sicher vor Katzen, Wieseln und Elstern fühlen? Und wo könnten die flüggen Jungen ihrer Meinung nach am leichtesten ihre ersten, torkeligen Flugversuche unternehmen? Ist der passende ruhige und

ungestörte Gartenwinkel gefunden, können dort ein paar Büsche nach Vogelgeschmack umgestaltet werden. Wenn man stärkere Zweige oberhalb einer knospenreichen Stelle abschneidet, wird der Zweig genau dort im nächsten Jahr viele Seitentriebe bilden und eine ideale Nestunterlage bilden.

Eine einfache Soforthilfe sieht so aus: Man bindet ein Bündel Zweige etwa in Augenhöhe mit Draht so an einem Baumstamm fest, dass sie nach unten hängen. Die herabhängenden Zweigenden werden U-förmig nach oben gebogen und ein Stück oberhalb noch einmal am Stamm festgebunden. Die entstehende Tasche ist ein perfekter Schlupfwinkel für Halbhöhlen-

**Alter:** ab 6 Jahren
**Material:** abgeschnittene Zweige, eine Astschere, Blumendraht, ungesponnene Schafwolle, Moos
**Schwierigkeitsgrad:** mittelschwer (Mithilfe von Erwachsenen ist willkommen)

brüter wie Bachstelze oder Hausrotschwanz.

Wem so ein »unordentliches« Zweigbündel zu unansehnlich ist, der kann ja am Fuß des Baumes Prunkwinden ansäen und ihnen mit ein paar Zweigen den Kletterweg bis hinauf zur Bruttasche weisen. Den Vogeleltern ist die blühende Zusatztarnung sicher willkommen.

Wer seinen Gartenvögeln ein bisschen Luxus bieten will, kann für den Nestausbau ein paar Flocken ungesponnene Schaf-

wolle und etwas trockenes Moos auf die Zweige benachbarter Büsche stecken. Sie werden bestimmt gerne angenommen.

Zwar können kleinere Kinder diese Nisthilfen nicht allein bauen, aber sie können ihre Ideen beisteuern, können die Zweige für die Bruttasche zusammensuchen und die richtigen Stellen für die Vogelwohnungen finden – also in jeder Hinsicht das Projekt zu *ihrem* Projekt machen.

## Blumenkranz

Aus Gänseblümchen und Löwenzahn lassen sich wunderschöne Blumenkränze basteln. Die einfachste Version geht so: In die Blumenstängel werden mit dem Fingernagel knapp unterhalb der Blüte kleine Spalte geritzt, gerade so groß, dass der nächste Blumenstiel durchpasst. Der bekommt seinerseits auch wieder einen Spalt, durch den der nächste Stängel gesteckt wird usw. Mit dieser Technik ist im Nu ein Kranz oder eine Halskette

**1** *Eine Bruttasche für Grauschnäpper und Gartenrotschwanz.*

**2** *Dieser Löwenzahnkranz ist im Handumdrehen fertig...*

**3** *...doch der ist schon was für Meisterinnen ihres Fachs!*

69

**Alter:** ab 4 Jahren
**Material:** Blütenstängel von Löwenzahn und Gänseblümchen, etwas Garn
**Schwierigkeitsgrad:** je nach »Modell« leicht bis mittelschwer

gebastelt. Werden zwei bis drei Gänseblümchen mit Hilfe dieser Schlitztechnik zum Kreis aneinandergehängt, entstehen Ohrringe.

Wer es gerne etwas üppiger hat, kann aus den Gänseblümchen einen dicken Zopf flechten; das ist allerdings langwieriger und erfordert schon eine gewisse Fingerfertigkeit. Anfang und Ende des Zopfes werden aneinandergelegt und zusammen mit Garn umwickelt.

Ein Löwenzahnzopf als Kranz sieht besonders hübsch aus. Allerdings sind die Stängel ziemlich brüchig und lassen sich nicht ohne Weiteres flechten. Am einfachsten verarbeitet man die spröden Blütenstängel, indem man mit einem Sträußchen aus drei bis vier Stängeln beginnt, das kurz unterhalb der Blüten einige Male nicht zu fest mit Garn umwickelt wird (das Garnende hängen lassen). Dann werden etwas tiefer weitere Blüten hinzugefügt, die wieder zusammen mit den ursprünglichen Stängeln mit Garn umwickelt werden. Nach und nach wird so aus dem kleinen Löwenzahnstrauß eine dichte Kette aus Blüten.

So schön Löwenzahnblüten auch sind, sie haben einen Nachteil: Der Milchsaft der Pflanze hinterlässt auf Haut und Kleidern braune Flecken. Andererseits hat diese Eigenart auch ihre Reize: Mit den »blutenden« Stielen des Löwenzahns kann man nämlich auf Holzbrettchen oder Pflastersteinen langlebige Gemälde kreieren. Aber vor dem künstlerischen Einsatz bitte Kleider anziehen, bei denen es auf einen Klecks mehr oder weniger nicht ankommt!

## Ostereier mal anders

Ostern wäre undenkbar ohne ausgeblasene bunte Ostereier – aber es muss ja nicht immer die klassische Verzierung sein, die mit Wasserfarben, Pinsel und unendlich viel Geduld auf die Eier aufgetragen wird. Im Wald und auf der Wiese findet sich reichlich Material, mit dem sich Ostereier weniger aufwendig, aber genauso hübsch schmücken lassen. Geeignete Dekoobjekte sind zum Beispiel Farnwedel, auffällig geformte Blättchen, Gräser, Ahornflügel, Bucheckern und verschiedenste Samenhülsen. Am besten, man sucht schon ein paar Tage vor Ostern das Material zusammen, denn Blätter, die aufgeklebt werden sollen, müssen zuerst ein paar Tage lang gepresst und getrocknet werden.

Vor dem Verzieren werden die ausgeblasenen Eier mit warmem Seifenwasser gründlich abgewaschen und abgetrocknet, denn Farben oder Kleber halten nur, wenn die Schalen wirklich fettfrei sind.

Ein Ei mit Urwald-Touch bekommt man, wenn man die Schale mit kleinen bunten Federn, gepressten Blättchen, Gräsern oder Farnwedeln beklebt. Oder lieber romantisch? Dazu werden frische Blätter und Gräser auf der Schale zu einem hübschen Muster angeordnet.

**Alter:** ab 4 Jahren
**Material:** ausgeblasene Ostereier, viele verschieden geformte Blättchen, Klebstoff, alte Nylonstrümpfe, Ostereierfarben, Zwiebelschalen, etwas Garn, Spülmittel, Wasser, Wasserfarben, Linolrolle, reichlich Zeitungspapier zum Unterlegen
**Schwierigkeitsgrad:** je nach Ausführung leicht bis mittelschwer

**1** In Zwiebelschalen eingewickelt und gekocht, färben sich Ostereier wunderschön goldbraun. Wenn man vor dem Kochen noch ein paar zarte Blättchen auflegt, ist das fertige Ei fast zu schön zum Essen.

**2** Der Osterhase wartet mit Ostereiern und Osterglocken in seinem Körbchen darauf, von jemandem gefunden zu werden.

Damit sie nicht verrutschen, können sie mit einem kleinen Tupfer Eiweiß fixiert werden. Das Ei wird anschließend vorsichtig in einen alten Nylonstrumpf eingebunden und so lange ins Farbbad gelegt, bis die Färbung intensiv genug ist. Je lockerer der Nylonstrumpf um das Ei gebunden wird, desto stärker kommt der Weichzeichnereffekt zum Tragen: Liegt das Nylongewebe nur locker auf, kann die Farbe an den Blatträndern nämlich ein wenig unter die aufgelegten Blätter kriechen und die Konturen sanft verschwimmen lassen. Wird straff zugebunden,

zeichnen sich später die Blattränder klarer ab. Nach dem Färben, wenn die Gräser und Blätter wieder abgezupft sind, bleiben die Umrisse der aufgelegten Blätter als helles Negativbild auf der Schale zurück.

Auch Küchenabfälle sind in der Osterküche verwendbar: Die Ostereier werden wie oben beschrieben mit Blättchen und Gräsern belegt, werden dann aber zusätzlich in trockene Zwiebelschalen gehüllt, danach in den Nylonstrumpf eingebunden und dann eine Weile in Wasser gekocht. Die Zwiebelschalen färben die Eier in einem warmen

Gelbbraun. Andere Färbemittel aus der Küche sind schwarzer Tee (warmes Braun) oder Kurkuma (gelb).

Besonders schöne Effekte gibt es, wenn man Samenkapseln, Ahornflügel oder Bucheckern dünn mit Farbe bestreicht und als Stempel verwendet oder auf der Eierschale abrollt. Noch besser lassen sich Blätter – mit der Linolwalze eingefärbt – als Stempel einsetzen. Bitte die Farbe aber sparsam verwenden, sonst zeichnen sich statt der filigranen Strukturen eines Blattes oder eines Ahornflügels auf dem Osterei nur dicke Farbkleckse ab.

71

# Sommer – Werkstatt im Wald

*Der Baumarkt, in den Väter (vielleicht) am Samstagvormittag ihre Kinder mitnehmen, ist wohlgeordnet und reich bestückt – aber was ist das schon im Vergleich zum Warenlager draußen im Wald? Vom Heimwerkersektor über den Kosmetiktrakt bis zur Schmuckabteilung gibt's dort alles. Für jeden Bedarf. Und gratis noch dazu!*

## Wohnwelt aus Ästen

Wenn Kinder sich mit einem Haufen Äste vergnügen dürfen, ist jede Spielanleitung überflüssig. Wo Waldparzellen ausgeholzt oder Hecken auf den Stock gesetzt werden (so nennt man das Herunterschneiden der Heckensträucher bis knapp über den Boden), sind Äste meist leicht zu bekommen. Am besten, das Kleinholz wird zu einer Art Wall aufgeschichtet, damit alle Kinder gleichzeitig an verschiedenen Stellen Zugang zu diesem wunderbaren Spielmaterial haben. Zunächst hüpfen sie meist einfach nur auf dem Asthaufen herum wie auf einem Trampolin, beklettern ihn von allen Seiten und begeistern sich am Spiel mit dem Gleichgewicht. Nach ein paar Tagen, wenn der Wall ein wenig in sich zusammengesackt ist, ziehen sie einzelne Äste heraus und verwenden sie als Spielgeräte. Besonders lange, kräftige Äste werden zu Wippen, wenn man sie über einen Baumstumpf legt. Findet sich in passendem Abstand ein zweiter Baumstumpf, kann der Ast über beide Baumstümpfe gelegt werden und dient als »Drahtseil« für Balanceakte. Ein Grüppchen Kinder entdeckt vielleicht, dass ein liegen gebliebener dickerer Stamm das perfekte Reitpferd ist; sie schlingen ein Stück Paketschnur als Zügel um einen Aststumpf und absolvieren darauf wilde Ritte. Andere haben ein paar Äste zu Lanzen und Schwertern ernannt und fechten abenteuerliche Ritterkämpfe damit aus.

### Möbellager im Wald

Ist der erste Tatendrang abreagiert, geht es an konkretere Bauwerke. Aus starken Ästen als Pfeiler (eventuell in passender Länge zurechtgesägt) und feineren Zweigen als Wandgeflecht lassen sich urige Unterkünfte bauen. Auch die Möbel für diese

1  Ein Asthaufen ist gleichzeitig
   Trampolin und Baustofflager.

2  Aus Ästen können mit fachkundi-
   ger Hilfestellung die originellsten
   Möbel entstehen. Diese Treib-
   holz-Bank haben Kinder und
   Eltern aus Weißenbach in Öster-
   reich gebaut.

Häuschen bestehen natürlich aus Ästen: Vier kräftige Äste werden so zurechtgesägt, dass jeweils ein Ende in einer Astgabel ausläuft. Nun rammt man diese Äste mit der Astgabel nach oben in den Boden, platziert zwei Hölzer als tragende Holme in jeweils zwei der Astgabeln, legt von Holm zu Holm dicht nebeneinander gleich lange Aststücke – etwa so, wie man ein Floß bauen würde – und bindet eines nach dem anderen an den Holmen fest. Voilà, fertig ist der Tisch! Hocker sind noch einfacher zu bauen: Das Baumaterial sind Aststückchen von etwa 30 cm Länge, die an beiden Enden mit dem Taschenmesser eingekerbt werden. Zwei dieser Hölzer werden parallel zueinander so auf den Boden platziert, dass die Kerben nach oben zeigen. Die nächsten beiden Stöckchen legt man quer dazu genau in die Kerben. Nach diesem Schema ent-

steht nach und nach ein Gebilde, das an ein Miniaturblockhaus erinnert. Den oberen Abschluss bildet eine Art Flachdach aus dicht nebeneinandergelegten Hölzchen, das später die Sitzfläche des Hockers ist. Zum Abschluss müssen die Hölzer mit Paketschnur gut aneinander festgebunden werden, sonst hält der Hocker nur für die Dauer einer Sitzung.
Wenn Erwachsene mithelfen, kann aus dickeren Ästen länger-

lebiges Mobiliar zusammengeschraubt werden. Am originellsten geraten die Do-it-yourself-Sitzmöbel, wenn man beim Bauen die Verwachsungen und Verwindungen der Äste berücksichtigt und als Stilelement nutzt. Ein schief gewachsener Seitenast wird zur geschwungenen Armlehne, eine schlangenartig gekrümmte Wurzel zur Fußstütze. Je asymmetrischer und verknorpelter die Möbel ausfallen, desto besser.

**Alter:** ab 6 Jahren
**Material:** jede Menge Äste, je mehr, desto besser, ein Handbohrer oder Akkubohrer, eine Säge, Taschenmesser, Paketschnur, Bolzen und passende Muttern
**Mitspieler:** natürlich kann man Asthäuschen auch alleine bauen, aber erst zu zweit oder besser noch zu dritt macht es richtig Spaß
**Schwierigkeitsgrad:** Asthäuschen können schon kleinere Kinder bauen; Astmöbel dagegen erfordern einiges handwerkliches Geschick

1

## Lehmschminke

Wenn Kinder das Glück haben, in ihrem Spielrevier Zugang zu einer Lehmkuhle zu haben, können sie eine wunderschöne Schweinerei veranstalten. Lehm ist nämlich ein ausgezeichnetes

**Alter:** ab 4 Jahren
**Material:** Lehm, einige Plastikschüsseln oder leere Margarinedosen, Lebensmittelfarben
**Mitspieler:** mindestens 2 Kinder; Lehmschminken macht nämlich am meisten Spaß, wenn man sich gegenseitig »verschönert«
**Schwierigkeitsgrad:** leicht

Rohmaterial für Naturschminke: Der Lehm wird mit Wasser zu einem streichfähigen Brei angerührt, auf die Schüsseln verteilt und dann mit Lebensmittelfarben eingefärbt; jede Farbe bekommt eine eigene Schüssel. Wer keine Lebensmittelfarben zur Hand hat, kann den Lehm auch mit Roibos-Tee (ergibt einen rötlichbraunen Farbton), Malventee (Rot), einem Rest vom Morgenkaffee (Dunkelbraun) oder zerriebener Holzkohle (Schwarz) anrühren. Mit diesen Farbtönen und dem blassen Ocker des naturbelassenen Lehms lässt sich auch schon eine Menge anstellen. Natürlich eignet sich der farbige Lehmbrei nicht nur, um sich

Kriegsbemalung ins Gesicht zu schminken und sich mit Körperkunst auf Armen und Beinen zu verschönern. Lehmfarben sind das Material der Wahl, um selbst gebaute Puppenhäuschen mit Ornamenten zu dekorieren oder das Lehm-Puppengeschirr zu schmücken.

Und natürlich kann man mit Lehmfarben die tollsten Kunstwerke auf den Boden malen. Zwar geht das am besten auf glattem Asphalt, aber es soll Nachbarn geben, die fantasievolle Farbenpracht nicht zu schätzen wissen und steingrauen Straßenbelag bevorzugen. Vor der künstlerischen Entfaltung also lieber erst bei Nachbars anfragen!

# Häusle baue

Eine Lehmkuhle ist der schönste Kinderspielplatz, den man sich vorstellen kann! Mit Lehm matschen und kleistern ist die schiere Wonne. Kinder können Dämme damit bauen, Tiere daraus formen und sogar ein ganzes Dorf für die Puppen und Plüschtiere daraus entstehen lassen. Das Einfachste ist ein afrikanisches Dorf: Der Lehm wird zu sehr dicken Würsten gerollt und auf dem Küchenbrett zu einer rechteckigen dicken Platte flach gedrückt. Sollen die Häuschen später von kleinen Plastikfiguren bewohnt werden, muss die Lehmplatte für ein Haus gut

**Alter:** ab 6 Jahren
**Material:** Lehm, ein großes Küchenbrett, ein ausgedientes stumpfes Küchenmesser, große Blätter, Gras, Stöckchen, Samen und Früchte, Bindfaden
**Schwierigkeitsgrad:** je nach Bauprojekt einfach bis mittelschwer

fingerdick und etwa 40 cm lang und 12–15 cm breit sein – für größere Püppchen oder Plüschtiere entsprechend länger, breiter und dicker. An zwei oder drei Stellen werden in den Lehmstreifen als Fenster noch kleine quadratische Löcher geschnitten, dann kann die Hauswand aufrichtet werden: Der Lehm-

streifen wird in Kreisform so auf den Boden gestellt, dass eine Lücke für die Tür offen bleibt. Der Übergang zum Boden muss gut mit kleinen Lehmbröckchen verkittet werden, sonst wackeln später die Mauern. Ein Stöckchen, das die Türöffnung überspannt und rechts und links an der Oberkante der Hauswand in

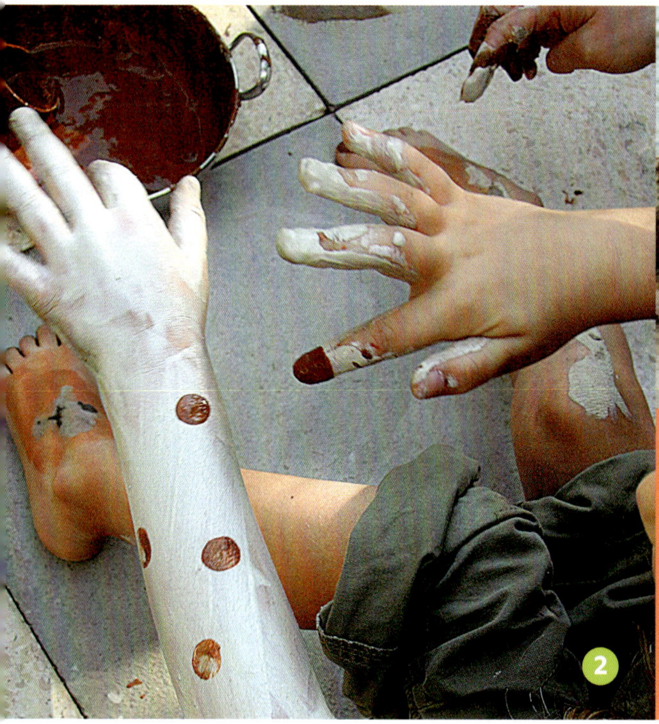

1 Ein lehmbeschmierter kleiner Steinzeitmensch in seinem Wurzelunterschlupf.

2 Roibosschmiere auf Lehm: ganz große Kunst!

3 Kleiner Bootsanleger aus Zweigen für die Püppchen.

den weichen Lehm gedrückt wird, bildet den Sturz des Türrahmens.

Das einfachste Dach ist ein großes Pestwurzblatt, das über die Rundhütte gebreitet wird. Ein solches Dach hat zudem den Vorteil, dass das Innere der Hütte leichter »bespielbar« ist, denn das Blattdach kann ja jederzeit abgenommen werden. Stilechter ist natürlich ein richtiges Grasdach: Dazu wird in der Mitte der Rundhütte ein Stöckchen in die Erde gerammt, das etwa doppelt so hoch ist wie die Hütte. An der Spitze des Stockes bindet man ein dickes Büschel langer zusammengebundener Grashalme fest, deren Spitzen wie ein Reifrock über die Lehmwände gebreitet werden.

## Stein auf Stein

Größere Kinder können mit Lehm schon richtig mörteln: Steine gleicher Größe dienen als Ziegel, der Lehm ist der Mörtel, der sie zusammenhält. Häuschen, Ställe, Garagen, ein ganzes Dorf kann auf diese Weise entstehen. Lehm ist außerdem das richtige Baumaterial für die Futtertröge der Tiere und das Geschirr der Puppen. Als Futter bekommen die Tiere Grassamen, Bucheckern oder Beeren vorgelegt.

Nun fehlen nur noch die Gärten und Äcker des Dorfes. Zusammengebundene kürzere Grasähren werden zu Getreidegarben, die zum Trocknen auf den Feldern stehen. In den Lehmboden gesteckte Tannenzapfen dienen als Sträucher, ein paar belaubte Zweige sind die Obstbäume der Dorfbewohner, und in den Boden gesteckte Gänseblümchen schmücken die Blumenbeete. Eine mit Wasser gefüllte in den Lehm gedrückte Mulde ist der Dorfteich, ein paar Grashalme am Teichufer markieren den Schilfgürtel.

Ältere handwerklich geschickte Kinder schaffen es sogar, aus

1 Ein paar Steine, Lehm und Schilf: Fertig ist das Haus.

2 Fehlt nur noch der Weidezaun aus Zweigen für die Kühe.

3 Das Floß wird zu Wasser gelassen.

Stöckchen und Bindfaden Leitern und Koppelzäune zu bauen. Einfachere Zäune entstehen, wenn man dünne Abschnitte von Weidenruten bogenförmig in den Boden steckt, etwa so, als wollte man den Abschluss eines Korbes flechten. Selbst Schaukeln oder Wippen für die Püppchen lassen sich aus Stöcken und Bindfaden basteln. Sollten in dieser Natur-pur-Siedlung die Puppen allzu zivilisiert und fremd aussehen, kann man sie mit ein paar Handgriffen mit Blattkronen und Pestwurzumhängen ausstaffieren und ihrem Wohnort anpassen.

## Robinson im Dorfteich

Auf längeren Spaziergängen sollten nicht nur Verpflegung, Trinkflasche und Heftpflaster, sondern auch ein Taschenmesser, ein Knäuel Bindfaden und ein paar kleine Plastikpüppchen im Rucksack sein. Dann kann bei der nächsten Rast an einem Tümpel die private Werft ihren Betrieb aufnehmen. Das Baumaterial – gut fingerdicke Zweige – wächst an jeder Weide, jedem Holunderbusch oder Haselstrauch. Die Zweige werden auf eine Länge von etwa 30 cm gebrochen oder geschnitten und dicht nebeneinandergelegt. Je breiter das Floß werden soll, desto mehr solcher Zweigabschnitte braucht man; 15 sind eine gute Zahl. Nun werden an beiden Enden quer über die aufgereihten Stöckchen zwei weitere Hölzer gelegt, die etwas länger sein müssen als die Breite des Floßes.

Jetzt geht es an die Handarbeit: Ein Stöckchen nach dem anderen muss am Querholz festgebunden werden. Zum Schluss klemmt man noch einen dünnen Zweig als Mastbaum in einen Spalt zwischen zwei Stöckchen in der Mitte des Floßes und spießt ein großes Blatt als Segel darauf. Nun ist das Robinson-Floß fertig und kann mit den kleinen Püppchen an Bord auf die Suche nach einer rettenden Insel lossegeln.

Ältere Kinder können mit dem Taschenmesser einfachste Boote aus Kiefernrindestücken schnitzen – vorausgesetzt natürlich, sie sind mit dem Gebrauch des Taschenmessers vertraut und wissen, dass sie die Klinge unter allen Umständen von Körper und Händen wegführen müssen!

**Alter:** ab 8 Jahren
**Material:** fingerdicke Zweige oder Schilfhalme, Taschenmesser, Bindfaden, Korken, Zahnstocher, Plastikpüppchen
**Schwierigkeitsgrad:** je nach Floßtyp einfach bis mittelschwer

77

Kleinere Kinder können zu Hause ein Floß aus Korken bauen: Die Korken werden mit Hilfe von Zahnstochern aufeinander festgespießt, sodass eine Art Korkbalken entsteht, und anschließend mit weiteren Zahnstochern zu einem Floß verbunden. Wer mag, kann das Floß mit einer Reling aus halbierten Korken ausstatten und ein paar Kork-Sitzbänke einbauen. Auch ein Kork-Floß macht natürlich mehr her, wenn es mit einem Mastbaum und einem Blattsegel in See sticht.

## Mosaiken

Eines der ersten und liebsten Sammelobjekte von Kindern sind Steine – farbige oder seltsam geformte Steine und solche mit auffälliger Musterung. Wenn man allerdings diesen Fundstücken die Aufmerksamkeit schenkt, die ihnen zusteht, gibt es bald ein Lagerungsproblem: Bald häufen sich Steine auf Fensterbänken, im Bücherregal, auf Nachttischen. Eine hübsche und für die Kinder befriedigende Lösung ist es, aus den Steinen Mosaike zu legen. An einem sandigen Fleck im Garten oder am Bach können sich die Kinder künstlerisch entfalten. Am besten, der Steinschatz wird zuvor nach Farbe und Größe sortiert. Am schönsten ist es natürlich, wenn sich die Kinder selbst ein Motiv überlegen. Falls der Einfallsreichtum doch einmal ins Stocken kommen sollte: Einfache Motive, die sich für kleinere Kinder ab etwa 4 Jahren eignen, sind Blumen, Sonnen und Männchen. Größere können sich an Fabelwesen, Vögeln oder Fantasie-Rosetten versuchen. Übrigens lassen sich auch Muscheln aus dem Urlaub gut in das Mosaikbild integrieren!

**Alter:** ab 4 Jahren
**Material:** Steine in allen Farben, Formen und Größen
**Spielort:** ein Platz mit lockerem, am besten sandigem Boden
**Schwierigkeitsgrad:** leicht

## Naturschmuck

Im Spätsommer nach der Brutzeit ist bei vielen Vögeln großer Kleiderwechsel angesagt: Sie stoßen die alten abgenutzten Federn ab und bekommen dafür neue. Besonders an Teich- und Seeufern sammeln sich im Sommer reichlich ausgefallene Federn und liefern bestes Rohmaterial für Halsketten, Haarschmuck und Armbänder. An Hecken, auf Feldern und sogar auf dem Komposthaufen finden sich reichlich »Perlen« für Naturschmuck, zum Beispiel Hagebutten, die Früchte des Pfaffenhütchens (Vorsicht: giftig!), die Samen und Schoten von Vogelwicke und Lupine, Kerne von Kürbis, Melone und Apfel und die ersten Eicheln und Kastanien.

**Alter:** ab 6 Jahren

**Material:** Federn, Schneckenhäuser, Hagebutten, Maiskörner, Kürbiskerne, Efeublätter, Holzperlen, Lederreste, Klebstoff, Zwirn, Nähnadel; eventuell Sternnudeln, Goldstift und Metallösen

**Schwierigkeitsgrad:** Auffädeln können schon kleinere Kinder, das Durchbohren der Maiskörner und Beeren sollte allerdings ein Erwachsener erledigen

Wenn genügend Material zusammengetragen ist, müssen all die Beeren und Kerne zunächst mal mit einer dicken Stopfnadel durchlöchert werden – eine langwierige Arbeit. Am besten, man legt sich eine dicke Lage Taschentücher oder Küchenpapier auf den Tisch und arbeitet auf dieser Unterlage; auf dem weichen Polster können die Samen und Früchte nicht so leicht wegrutschen. Kastanien, Eicheln und – mit viel Fingerspitzengefühl – auch Schneckenhäuser lassen sich am besten mit einem kleinen Handbohrer durchlöchern; die Samen von Lupine und Vogelwicke sollte man ein paar Stunden einweichen, bevor man sie durchsticht. Größere Federn lassen sich am Kiel leicht mit einer Stopfnadel durchbohren, kleinere fasst man am besten zu mehreren zusammen, umwickelt dieses Sträußchen mit dünnem Silberdraht oder Faden und formt das Faden- oder Drahtende dann zu einer Öse.

### Die Stunde der Designer

Jetzt geht es ans Komponieren der Ketten, Halsbänder, Ohrringe und Spangen: Mit ein paar zwischen die Beeren eingefügten Fellstreifen und einigen längeren Federn in der Mitte bekommen

Ketten eine fast indianische Note. Hübsch, wenn auch kurzlebig, sind die spiralig eingerollten getrockneten Schoten der Vogelwicke an Halsketten (mit Klarlack überpinselt halten sie etwas länger). Wunderschön sehen kleine Federbüschel aus, wenn man sie an Ohrringen befestigt und einfach herunterbaumeln lässt. Schneckenhäuser machen sich gut, wenn man sie auf Lederbänder aufnäht, die dann zu Armbändern zusammengeknüpft werden. Ein ungewöhnliches Schmuckelement sind Efeublätter: Sie sind ziemlich fest und rollen sich auch im

1 *Ein Mosaik aus Steinen...*

2 *... oder Früchte-Schmuck...*

3 *... und alles selbst gesammelt!*

79

1 Der künftige Insekten-
  kundler fängt seine For-
  schungstiere fachgerecht
  mit dem Insektenstaub-
  sauger.

2 Der Herbst mit seinen
  bunten Blättern ist die
  Jahreszeit für Künstler.

trockenen Zustand kaum ein.
Wer es ganz professionell ange-
hen will, kann am oberen Ende
der Blätter eine Metallöse ein-
stanzen und als Auffädelhilfe
einen kleinen Ring aus Silberdraht durchziehen. Efeublätter
im Wechsel mit ein paar Holzperlen auf ein Lederbändchen
gefädelt, ergeben eine hübsche
Halskette. Wer es gerne ein bisschen glitzrig hat, kann die Efeublätter mit ein paar Sternchen-

**Alter:** ab 8 Jahren
**Material:** eine durchsichtige
leere Filmdose, ein Stück von
einer alten Nylonstrumpf-
hose, zwei ca. 10 cm lange
Stücke Aquarienschlauch aus
Weichplastik, eines davon
mit 1 cm Durchmesser, das
andere mit 0,5 cm Durch-
messer, ein Handbohrer
**Schwierigkeitsgrad:** erfordert etwas handwerkliches
Geschick

nudeln bekleben und die Nudeln
mit Goldstift bemalen.

## Insekten-
## staubsauger

Wer kleinste Tiere aus der Nähe
bewundern möchte, steht vor
einem Problem: Viele Käfer,
Spinnen und Räupchen sind
empfindlich wie Muranoglas.
Versucht man, die Winzlinge mit
den Händen zu fangen und in die
Becherlupe zu bugsieren, riskiert
man ständig, sie zu verletzen
oder gar zu zerquetschen. Von
Zweigen kann man Insekten zwar
mit einem feinen Pinsel direkt in
die bereitgehaltene Becherlupe
(siehe S. 8) stupsen, für Tiere
am Boden aber braucht man
anderes Gerät. Am besten hat
sich in solchen Fällen der Insek-
tenstaubsauger bewährt. Er ist
nicht schwer zu basteln und für
Insektenbeobachter unersetzlich.
Mit dem Handbohrer wird in den
Deckel der Filmdose ein Loch
gebohrt, gerade groß genug für

den dünneren der beiden Aqua-
rienschläuche. Dann spannt man
den Nylonstrumpf über ein Ende
des dünneren Schlauchs und
steckt den Schlauch ein Stück
weit durch das Bohrloch im
Deckel. Das Nylongewebe sollte
dabei wie ein Filter über dem
Schlauchende sitzen.
Auch der Boden der Dose
bekommt ein knapp bemessenes
Loch, durch das gerade eben der
größere Aquarienschlauch hin-
durchpasst. Wichtig ist, dass
beide Schläuche wirklich stramm
und dicht in der Filmdose sitzen.
Nur dann kann der Insekten-
staubsauger funktionieren.
Fertig für den ersten Testlauf auf
der Wiese? Wenn man die Luft
durch das dünnere Schlauchende
ansaugt, wird am dickeren
Schlauchende genug Sog er-
zeugt, um kleinere Tiere in die
Filmdose hineinzubefördern. Der
Nylonstrumpf-Filter über dem
dünneren Schlauchstück verhindert, dass die aufgesaugten Tierchen versehentlich in den Mund
gelangen. Die Beute wird nun
von der Filmdose in die Becherlupe hinübergeschüttelt. Dort
kann man sie aus nächster Nähe
ansehen, ohne sie in die Hände
nehmen zu müssen und womöglich zu verletzen. Und natürlich
ist es Ehrensache, dass die Ge-
fangenen später an einem Fleck
wieder auf freien Fuß gesetzt
werden, wo sie sich wohl fühlen,
oder?

# Herbst – Zeit für Künstler

*Im Herbst entdecken selbst nüchterne Naturen ihre künstlerische Ader und ihren Spieltrieb. Das leuchtend bunte, raschelnde Laub unter den Füßen, die tanzenden Blätter, die Farben- und Formenvielfalt der Früchte – einfach unwiderstehlich.*

## Herbstmandala

Die bunteste Zeit des Jahres kommt ausgerechnet dann, wenn sich das Leben für ein paar Monate zur Ruhe zurückzieht. Der Farbenrausch von orangeroten Buchen und sonnengelbem Ahorn, von maisgelber Hainbuche und blutrotem Hartriegel wirkt wie ein bombastischer Schlussakkord. Aber wo kommen diese Farben plötzlich her? Warum investieren die Bäume kurz vor ihrer Winterpause noch so viel? Und wozu? Die Antwort ist verblüffend einfach: Die Bäume investieren überhaupt nichts, im Gegenteil: Sie takeln ab. Da Sparsamkeit ein Prinzip in der Natur ist, setzen auch Büsche und Bäume alles daran, möglichst wenig zu verschwenden. Sie ziehen wertvolle Stoffe aus den Blättern ab und lagern sie in Stamm oder Wurzeln ein, bevor sie das Laub abwerfen. Und da zu den verlagerten Stoffen auch der grüne Blattfarbstoff Chlorophyll gehört, kommen mit seinem Verschwinden auf einmal Farben zum Vorschein, die zwar das ganze Jahr über in den Blättern steckten, die aber hinter der grünen Chlorophyll-Blende nicht zu sehen waren.

### Berauscht von Farben

Die herbstliche Farborgie mag sinnfrei sein, aber sie ist wunderschön. Die Farben fordern geradezu heraus, ein wenig mit ihnen zu spielen. Es macht Spaß, zum Beispiel eine Symphonie nur in Rot oder nur in Gelb zu entdecken und zusammenzutragen. Rot findet sich in Hartriegelblättern, Ebereschen- und Schneeballbeeren, Hagebutten, Storchschnabelblättern und Weinlaub. In Gelb leuchten die Blätter von Hainbuche, Bergahorn, Berberitze, Vogelbeere und Linde. Nimmt man noch gelb gebänderte Schneckenhäuser und ein paar vergessene Getreideähren dazu, kann man auf Pappe mit Hilfe von zweiseitigem Klebeband originelle Collagen kreieren.

Zwar halten solche Kunstwerke aus frischen Herbstblättern und Klebeband nicht besonders lange, aber das müssen sie auch gar nicht. Ihre Aufgabe ist ja nur, unsere Freude an den Farben zum Ausdruck zu bringen – und vielleicht der Kamera als Fotomodell zu dienen. Die vergrößerten Fotos können später in der Schwarz-Weiß-Welt des Winters Farbe an die Zimmerwand bringen.

**Alter:** ab 4 Jahren
**Material:** Herbstlaub in allen Farben und Formen, Pappe, zweiseitiges Klebeband, Klammerapparat; eventuell Fotoapparat
**Schwierigkeitsgrad:** erfordert etwas manuelle Geschicklichkeit

1 Ein Lindwurm aus Blättern, Kastanien und Kletten.

2 Die Weinlaub-Königin im vollen Ornat!

3 Blätterpressen ist ein Kinderspiel.

## Lindenwurm und Ahornbogen

Gerade in der Übergangszeit leuchten Bäume nicht in einer Farbe allein, sondern in allen Schattierungen. Mit etwas Geduld lassen sich aus den Blättern eines einzigen Baumes ganze Farbverläufe erschaffen. Ein Regenbogen aus Ahornblättern ist etwas Wunderschönes! Besonders viel Spaß macht es, ein Herbstmandala zusammenzustellen: Vom Mittelpunkt ausgehend, werden die bunten Blätter, Früchte, Steine und Schneckenhäuser in größer werdenden Kreisen zu Mustern aus-

gelegt – und natürlich auf einem Foto verewigt.
Eindrucksvoll sieht es auch aus, wenn man aus Blättern einer Art und einer Farbe Strukturen legt. Eine endlos lange Schlange aus gelben Lindenblättern, die sich über die Schollen eines Ackers windet, oder konzentrische Kreise aus orangefarbenen Ahornblättern auf den Steinen eines Bachufers sind ein fast mystischer Anblick. Kunstaktionen mit Herbstblättern lassen sich am besten bei Nieselregen durchführen, wenn die feuchten Blätter gut auf dem Untergrund haften – jedenfalls lange genug,

um das Kunstwerk fotografieren zu können.
Solche Blattkunst wird die Geduld von kleineren Kindern vielleicht überfordern. Für eine schnell gebastelte Krone aus Herbstblättern aber reicht ihre Ausdauer sicherlich: Ahornblätter werden überlappend nebeneinandergelegt, entstielt und mit den Blattstielen Seite an Seite aneinander festgesteckt. Diese Blattborten kann man mit einem Klammerapparat auf einem Pappring befestigen, sodass die Blattzacken nach oben weisen oder auch »pur« aufsetzen. Mit majestätischen Herbstkronen auf

dem Kopf, mit Hüten aus Pest-
wurzblättern und Geweihen aus
knorrigen Zweigen verwandeln
sich die Kinder in Elfen und
Gnome und werden aufgenommen in die geheimnisvolle Welt
der Waldwesen.

## Blattdrucke

Herbstblätter sind ein Augen-
schmaus – allerdings einer mit
kurzem Verfallsdatum: Die ein-
gesammelten Schätze welken
schon nach ein, zwei Tagen,
rollen sich ein und verlieren ihre
Form. Wer die herbstliche Farborgie gerne konservieren
möchte, kann die Blätter pres-
sen: Ganz zuunterst kommt eine
Schicht Zeitungspapier, darauf
breitet man eine Lage Papiertaschentücher aus, auf der man
die Herbstblätter nebeneinander
auslegt. Über jede Blattschicht
kommt dann wieder eine Lage
Papiertaschentücher, bevor die
nächste Blattschicht folgt. Den
oberen Abschluss bildet wieder
eine Schicht Zeitungspapier. Das
Wichtigste ist, das Ganze nun
gehörig unter Druck zu setzen:
Ein Stapel schwerer Bücher –
Telefonbücher eignen sich ausgezeichnet – muss einige Tage
auf dem Blattstapel thronen, bis
die Papiertaschentücher alle
Feuchtigkeit aus den Blättern
gesaugt haben.
Wer den Herbst einfach nur länger vor Augen haben möchte, als

**Alter:** ab 6 Jahren
**Material:** zweiseitiges Klebeband, Linolwalze, je nach
Druckuntergrund Druckerschwärze oder Stofffarbe, eine
Glasplatte, alte Zeitungen, Papiertaschentücher, Blätter
mit plastisch hervortretenden Adern, Stofftaschen,
Schreibpapier, T-Shirts und Ähnliches zum Bedrucken
**Schwierigkeitsgrad:** erfordert manuelle Geschicklich-
keit

der Kalender erlaubt, kann die
haltbar gemachten Herbstschön-
heiten mit doppelseitigem Klebeband als Blätterregen auf der
Fensterscheibe arrangieren. Aus
den Blättern lassen sich aber
auch auf Fotokarton die skurrils-
ten Fabeltiere und Fantasieblu-
men gestalten. Wenn man dann
noch trockene Grasähren, Bär-
lapptriebe oder Samenkapseln
dazunimmt, können auf dem
Karton ganze Landschaften entstehen. Auch mit gepressten

Blättern beklebte Grußkarten
sehen hüsch aus und passen
gut in die Kategorie »kleine
Geschenke für alle Gelegenhei-
ten«.

### Blätter unter Druck

Noch vielseitiger lassen sich die
Blätter verwenden, wenn man
sie nicht im Original, sondern als
Druckstock einsetzt. Vor Arbeits-
beginn aber bitte unbedingt die
Arbeitsfläche mit reichlich Zei-

tungspapier auslegen! Drucker-schwärze beziehungsweise Stoff-farbe ist manchmal haltbarer, als einem lieb ist. Bevor gedruckt werden kann, muss die Linol-walze gleichmäßig eingeschwärzt werden. Dazu drückt man einen Klacks Druckerschwärze auf die Glasplatte und rollt die Walze in allen Richtungen darüber, bis die Farbe gleichäßig auf der Rolle verteilt ist. Die Blätter – beson-ders gut eignen sich ebenmäßige Blätter ohne Wellungen mit plas-tisch hervortretenden Adern – werden mittels Walze dünn (!) mit der Linolfarbe eingefärbt und anschließend vorsichtig und mit Fingerspitzengefühl auf das Papier, die Stofftaschen oder das T-Shirt gedrückt. Ist der zu bedruckende Stoff neu, muss zuvor die Appretur herausge-waschen werden, sonst hält die Farbe nicht.

Wem Blattdruck aus verständ-lichen Gründen zu viel »Schwei-nerei« ist, der kann seine Kinder auch mit weichem Bleistift oder mit Wachsmalkreiden die Blätter abrubbeln lassen: Wenn man das Blatt mit der Aderseite nach oben unter das Papier legt und mit schräg gehaltenem Stift über die Papierfläche reibt, treten die Strukturen des Blattes dunkel hervor. Auf diese Weise lassen sich übrigens auch mit wenig Aufwand Blattsammlungen zu den verschiedenen Baumarten anlegen.

**Alter:** ab 6 Jahren
**Material:** Toilettenpapier, Zeitungspapier und schwere Bücher zum Blätterpressen, Pappkarton (am besten weiß beschichtet), Schere, Klarsichtfolie, Blätter mög-lichst vieler verschiedener Baum- und Straucharten
**Mitspieler:** mindestens 2 Kinder
**Schwierigkeitsgrad:** beim Blättersammeln können schon ganz Kleine mithelfen; das Basteln selbst erfor-dert manuelle Geschicklichkeit und etwas Hilfe von Erwachsenen

## Blattmemory

Wie kann man eigentlich Bäume unterscheiden? Sehen die nicht alle mehr oder weniger gleich aus: unten ein Stamm, oben Äste und der Rest irgendwie grün? Die meisten Menschen tun sich schwer, die verschiedenen Bäume und Sträucher an ihren Blättern zu unterscheiden. Kin-der mit ihrem ungemein aus-geprägten Blick für Details sind den Großen da oft weit überle-gen. Aber diesen Detailblick kann man ja lernen. Wer ein paarmal Blattmemory gespielt hat, der hat das Who is who der Baumwelt schnell drauf. Das Wichtigste für ein Blattme-mory sind natürlich die Blätter. Von möglichst vielen verschiede-nen Bäumen und Sträuchern – 12 bis 14 sollten es schon sein – werden jeweils zwei Blätter gesammelt. Gute Blattlieferanten mit klar erkennbarem Laub sind zum Beispiel Eiche, Birke, Ahorn, Rotbuche, Hainbuche, Zitter-pappel, Linde, Ulme, Hartriegel, Berberitze, Efeu, Eberesche und Robinie. Kenner können sich mit kniffligeren Aufgaben quälen und ähnlich aussehende Blätter in ihr Memory aufnehmen: Die Blätter von Bergahorn, Spitzahorn und

**1** Beim Blattmemory braucht man einen Blick fürs Detail.

**2** Kein Blatt ist wie das andere: Wer sie alle unterscheiden kann, ist fast schon ein Profi.

**3** Schloss Stacheltrutz: ein Winterquartier für den Igel.

Platane oder von Eberesche, Esche und Speierling haben zum Beispiel gewisse Ähnlichkeiten. Ist das Blattmaterial komplett, muss es zuerst gepresst werden (wie das geht, ist bei »Blattdrucke« auf S. 83 erklärt). Dann werden die Memorykarten vorbereitet: Der Pappkarton wird in genau gleich große Quadrate geschnitten, die ruhig die üblichen Maße etwas überschreiten dürfen; 10 × 10 cm ist eine gute Größe. Auf jede dieser Karten wird nun ein Blatt geklebt und anschließend mit Klarsichtfolie überzogen – fertig ist das Memoryspiel!
Die Spielregeln sind einfach: Jeder Spieler darf jeweils zwei

Karten aufdecken. Ist er dabei auf zwei gleichartige Blätter gestoßen, darf er die Karten an sich nehmen und gleich das nächste Kartenpaar aufdecken. Hat er verschiedenartige Blätter erwischt, merken sich alle die Position der Karten für spätere Spielzüge, und der nächste Spieler ist an der Reihe. Wer zuletzt die meisten Kartenpaare hat, ist Sieger.

## Schloss Stacheltrutz

Wenn es ein Tier gibt, das nur Freunde hat, dann ist das der Igel. Jeder Gartenbesitzer freut sich, wenn so ein knopfäugiges

Stachelhemd in der Abenddämmerung des Weges kommt. Wer auf Dauer Igel im Garten haben möchte, muss sich allerdings ein wenig dem Laisser-faire verschreiben. Viele Gärten sind Igeln nämlich einfach zu aufgeräumt. Wo jeder Zweig sofort in den Häcksler wandert und jedes Eckchen so ordentlich wie die

**Alter:** ab 4 Jahren
**Material:** Zweige, eine hölzerne Obstkiste, eventuell ein Rest Dachpappe oder dicke Folie (zum Beispiel Teichfolie), welkes Laub
**Schwierigkeitsgrad:** leicht

85

gute Stube ist, da kommen die Stachler höchstens auf Durchzug vorbei. Aber mit einem kleinen Wohnungsbauprogramm lässt sich ein Garten aus Igelsicht erheblich aufwerten.

### Ab in die Kiste!

Von einer hölzernen Obstkiste werden zunächst die obersten Leisten entfernt. Dreht man das Ganze um, dann steht die Kiste jetzt etwas hochbeinig auf ihren vier Eckstützen; zum Erdboden hin bleibt etwa eine Handbreit frei – genug Platz, dass ein Igel durch diese Lücke später ins Kisteninnere schlüpfen kann. Damit der künftige Bewohner es nicht nur kuschelig, sondern auch trocken in seinem neuen Domizil hat, wird nun der Boden der Kiste – in umgedrehtem Zustand

also das Dach – abgedichtet. Am besten nimmt man dazu die abgelösten Seitenbrettchen der Kiste und nagelt sie so auf, dass sie dachziegelartig die Ritzen im Dach abdecken. Wer möchte, kann statt der Brettchen auch einen Rest Dachpappe oder Teichfolie verwenden.

Die präparierte Kiste wird an einer ungestörten, geschützten Stelle des Gartens aufgestellt, wo keine Staunässe zu befürchten ist, und großzügig mit Reisig, Zweigen und Laub überhäuft. Die Innenausstattung erledigt der künftige Hausherr oder die Hausherrin später selbst. Sie wissen am besten, wie viel Laub und dürre Gräser sie gerne in ihrer Schlafkoje hätten – aber das setzt natürlich voraus, dass der Garten nicht besenrein und igelfeindlich ist.

### Eichelelche, Kartoffeldrosseln und Kastanienfüßer

Zu keiner Jahreszeit ist der grüne Baumarkt so gut bestückt wie im Herbst. Die Feldhecken sind voller roter und schwarzer Beeren, auf allen Wegen liegen Kastanien und Eicheln, an Wegrainen hängen in den verdorrten Ranken der Vogelwicke die leeren Schoten, und auf abgeernteten Feldern finden sich übrig gebliebene Maiskolben und kleine grüne Kartoffeln.

Das beliebteste und hübscheste Baumaterial sind wahrscheinlich Kastanien. Glattglänzende »neugeborene« Kastanien sehen nicht nur unwiderstehlich aus, sie lassen sich auch recht einfach verarbeiten. Die Schale ist noch weich, der Handbohrer dringt

1 Völlig neue Entdeckungen aus dem Tierreich: Lärchenelch und Kastanienhund.

2 Mit etwas Gipsbrei und einem Pappstreifen werden Tierspuren im Herbstwald zu Souvenirs.

**Alter:** ab 4 Jahren
**Material:** herbstliches Baumaterial wie Kastanien, Eicheln, Hagebutten, Beeren, Samenhülsen, Grasähren, Maiskolben, Schneckenhäuser und bunte Blätter; außerdem Handbohrer, Zahnstocher und eventuell wasserfester Filzstift
**Schwierigkeitsgrad:** je nach Tiermodell leicht bis mittelschwer; erfordert etwas mehr manuelle Geschicklichkeit

fast von alleine ein. Ein **Tausendfüßer** ist schnell gebastelt: Eine beliebige Anzahl Kastanien bekommt jeweils zwei Löcher verpasst, die einander ungefähr gegenüberliegen. Nun werden die Kastanien aneinander gelegt und mittels Zahnstocherstückchen verbunden. Ist der Rumpf des Tausendfüßers komplett, bekommt er seine Beine angepasst: In jede Kastanie werden zwei weitere Löcher gebohrt, die schräg Richtung Unterlage weisen. In jedes Loch steckt man einen halbierten Zahnstocher, und als Fuß kommt unten eine Beere drauf. Zum Schwanzende des Tausendfüßers hin werden die Kastanien immer kleiner, am Kopfende dagegen thront die größte und schönste Kastanie. Den Kopf markieren zwei kleine Zahnstocherstücke als Fühler, auf denen kleine Beeren als Fühlerenden sitzen; wer Lust hat, kann dem Tausendfüßer mit wasserfestem Filzstift noch ein Gesicht aufmalen.

Ein **Eichelelch** steht auf vier Zahnstocherbeinen mit Eichelhütchen als Füßen. Sein Körper ist eine große Kastanie, seinen Zahnstocherhals kann eine Mähne aus Moos zieren, und als Geweih prangen auf seinem Eichelkopf zwei Tuja-Zweiglein. Lässt man das Geweih weg und steckt dem Eichelkopf stattdessen zwei kleine Blättchen als Ohren in vorgebohrte Löcher, dann wird aus dem Wesen je nach Ohrengröße eine Hirschkuh, ein Esel oder ein Pferd. Damit keine Verwechslungen aufkommen, kann man ja der Kreation noch ein Schnurschwänzchen ins Hinterteil stecken – beim Esel zur Hälfte, beim Pferd in voller Länge aufgedröselt.

Damit die **Kartoffeldrossel** nicht so leicht aus dem Gleichgewicht gerät, platziert man ihren dicken Knollenbauch am besten auf einem Klacks Knete. Kartoffeldrosseln sind auf den ersten Blick an ihren üppigen Schwanz-

federn aus Mais- oder Farnblättern zu erkennen. Manche Exemplare haben eine Kastanie als Kopf, andere eine kleine Kartoffel. Der Schnabel kann ein kleiner Zweig oder ein Stück Strohhalm sein.
Die Welt der Kastanientiere, der Maiswesen und Eichelgeschöpfe ist natürlich noch weit artenreicher, als diese kurze Einführung ahnen lässt. Und das Schönste ist: Jeden Tag entdecken Forscher im Herbstwald neue, unbekannte Lebewesen.

## Trapper im Herbstwald

Wer um schlammige Stellen im Wald einen Bogen schlägt, um sich die Schuhe nicht schmutzig zu machen, dem entgeht eine Menge. Schlammboden im

Herbst ist nämlich das beste Archiv für Tierspuren, das man sich denken kann. In der feuchten plastischen Masse drücken sich Fährten besonders klar ab; und wenn der Boden ein wenig angetrocknet und der Abdruck härter geworden ist, kann man die Fährten mit ein paar Handgriffen sogar mit nach Hause nehmen.

An Bachufern oder auf Wildwechseln stehen die Chancen am besten, klare Fußabdrücke von Tieren zu finden. Zuerst müssen lose aufliegende Halme, Blätter oder Steinchen vorsichtig abgelesen oder weggepustet werden. Dann drückt man rund um den Fußabdruck einen drei bis vier Finger breiten Pappstreifen in den Boden und schließt ihn mit Büroklammern zum Ring. In diese Gussform wird nun der angerührte Gipsbrei hineingegossen (auf der Packung steht genau, mit wie viel Wasser man das Pulver anrühren muss). Nach etwa einer halben Stunde dürfte der Gips so fest sein, dass man ihn aus der Spur heben kann. Zu

Hause muss er zunächst vollständig aushärten, bevor man letzte Erdkrümel, Tannennadeln oder Steinchen mit dem Pinsel entfernen kann.

## Tierfährten zum Mitnehmen

Was jetzt vor uns liegt, ist der Negativabdruck: Die Tierspur hebt sich plastisch aus der Gipsplatte heraus. Wer lieber den Positivabdruck haben möchte, pinselt nun die Oberfläche gleichmäßig und nicht zu dick mit Vaseline ein. Die Gips-Tierspur bekommt noch einmal einen Pappkragen verpasst, wieder wird frischer Gipsbrei in die Gussform gegossen. Nach einer Trockennacht ist der Abguss ausgehärtet, die Pappmanschette wird entfernt, und man kann die beiden Gipsblöcke vorsichtig mit einem Messer auseinanderheben. Dieser neue Abguss sieht jetzt so aus wie die Spur, die wir draußen im Schlamm gefunden haben. Nicht vergessen, zuletzt noch die Tierart im Bestim-

mungsbuch nachzuschlagen und zusammen mit Fundort und Datum auf die Unterseite der Gipsplatte zu notieren!

## Ein Licht für Sankt Martin

Jedes Jahr am 11. November wird Sankt Martin, der Helfer der Armen, nach altem Brauch mit Lichterumzügen geehrt. Fast genauso wichtig wie der Umzug sind die selbst gebastelten Laternen, die auf diesen Umzügen in allen Größen, Farben und Formen durch die Nacht tanzen. Der Kartonboden einer großen Käseschachtel ist genau das richtige Fundament für eine Martinslaterne. Das Pergamentpapier, etwa 2 cm länger als der Umfang der Käseschachtel und so hoch, wie die Laterne später sein soll, wird an einer Längskante mit einem Pappstreifen verstärkt. Dann bekommt die Papierbahn erst mal ihren Dekor aus gepressten Blättern; die fein gefingerten Blätter des Storchschnabels und die eingekerbten Blätter des Feldahorn eignen sich besonders gut, aber auch gepresste Gräser sind ein hübscher Schmuck. Ob man aus den Blättern nun Martinsgänse oder andere Tiere gestaltet, ob man sie zu Ornamenten kombiniert oder einfach so aufklebt, wie der Herbstwind sie hingestreut haben könnte – Herbstblätter wirken immer gut.

**Alter:** ab 8 Jahren
**Material:** Gipspulver, eine alte Plastikschüssel oder eine leere Margarinedose, eine Flasche voll Wasser, ein Löffel, ein Kartonstreifen, Büroklammern, Vaseline, ein Pinsel, Bestimmungsbuch für Tierspuren
**Schwierigkeitsgrad:** mittelschwer; erfordert etwas manuelle Geschicklichkeit

**2**

**1** *Leicht zu basteln: Aus zusammengerolltem Pergamentpapier und ein paar bunten Herbstblättern entsteht ein einfaches Windlicht.*

**2** *Eine wunderschöne Martinslaterne: Pergamentpapier auf Käseschachtelbasis mit Blätterdekor.*

**1**

Ist der Klebstoff gut getrocknet, kann man die Papierbahn am Rand der Käseschachtel rundum so festkleben, dass die mit Karton versteifte Kante nach oben gerichtet ist; auch die Schmalseiten des Transparentpapiers werden überlappend miteinander verklebt. Zum Schluss bohrt man am oberen Rand der Laterne mit der Stopfnadel zwei Löcher durch den Pappstreifen, zieht den Draht durch die beiden Löcher und biegt ihn zum Tragebügel. Ein kleines Stück Draht wird am

Zweigende befestigt und zum Haken gebogen, in den der Drahtbügel eingehängt werden kann. Zu guter Letzt wird noch die leere Blechhülle in den Boden der Laterne geklebt und mit einer kleinen Kerze bestückt. Sankt Martin kann kommen!

**Alter:** ab 4 Jahre
**Material:** eine leere Käseschachtel (Durchmesser etwa 15 cm), ein Bogen helles Pergamentpapier (etwa 50 × 25 cm), ein Pappstreifen (etwa 50 × 2 cm), Klebstoff, gepresste Herbstblätter und Gräser, eine Stopfnadel, ein Stück Draht, ein ca. 50 cm langer gerader Zweig (zum Beispiel von Hasel, Weide oder Holunder), die leere Blechhülle eines Teelichts, eine kleine Kerze
**Schwierigkeitsgrad:** mittelschwer; erfordert etwas manuelle Geschicklichkeit

# Winter – Spaß mit Eis

*Wer gerne baut, bastelt und sich künstlerisch entfaltet,*
*für den sind winterliche Schneeflächen vor allem eines:*
*eine riesige Leinwand und ein fast grenzenloses Baustofflager.*
*Wann sonst kann man sich so schrankenlos austoben? Tierfreunde*
*lieben den Winter aus anderen Gründen: Scheue Waldvögel kommen*
*in der kalten Zeit gerne in die Gärten und haben nichts mehr*
*einzuwenden gegen die Nähe der Menschen – und gute Verpflegung.*

**Alter:** ab 4 Jahren
**Material:** reife Tannen-,
Fichten- oder Kiefernzapfen,
Kochtopf, Kochlöffel, Löffel,
Kokosfett, Haferflocken,
Sämereien wie z. B. Sonnen-
blumenkerne oder Leinsa-
men, gemahlene Haselnüsse
oder Mandeln, Bindfaden
**Schwierigkeitsgrad:** einfach,
aber mit etwas »Schweine-
rei« verbunden

## Snackbar geöffnet!

Soll man nun eigentlich die Vögel im Winter füttern oder nicht? Was ist richtig? Selbst Fachleute sind sich in diesem Punkt nicht einig. Kritiker der Winterfütterung betonen, dass Futterplätze vor allem solchen Vogelarten über den Winter helfen, die ohnehin schon häufig sind.

Befürworter geben zu bedenken, dass in der ausgeräumten Feldflur natürliches Futter kaum noch zu finden ist und deshalb menschliche Hilfe nicht verkehrt sein kann. Ein Argument aber lassen selbst die schärfsten Gegner der winterlichen Snackbars gelten: Ob das Füttern nun notwendig ist oder nicht, es macht einfach Spaß, Vögel zu beobach-

ten. Selbst viele seriöse Wissenschaftler hängen ab Spätherbst verstohlen ihre Futterhäuschen in den Baum und setzen sich dann mit dem Fernglas ans Fenster.

**1** *Kleines Weihnachtsgeschenk an die Vögel: Ein Tannenzapfen, in eine Fett-Samen-Mischung getunkt, macht sich gut in der Vogel-Snackbar im Garten.*

**2** *Man kann die Fett-Samen-Mischung aber auch in Blumentöpfe gießen und sie kopfüber aufhängen. Ein Zweig, durchs Bodenloch geführt, dient als Sitzgelegenheit.*

### Es ist angerichtet!

Aber es muss gar nicht unbedingt ein (teures) Futterhaus sein. Aus Fichten- und Kiefernzapfen, die im Wald in Massen auf dem Boden herumliegen, können schon kleinere Kinder **Futterzapfen** für Vögel basteln – natürlich mit etwas elterlicher Hilfe: Die Zapfen werden zunächst auf die Heizung gelegt, bis sich in der trockenen Wärme die Schuppen weit abspreizen. Die Futtermischung für die Zapfen kann man leicht selbst anrühren: Kokosfett bei kleiner Hitze im Kochtopf schmelzen und dann nach und nach Haferflocken, gemahlene und gehackte Haselnüsse oder Mandeln, Leinsamen und Sonnenblumenkerne oder andere Sämereien hineinrühren, bis ein zäher Teig entstanden ist. Das Fett ist für die Vögel ein wichtiger Energiespender, außerdem verhindert es, dass die übrigen Zutaten Feuchtigkeit aufsaugen und einfrieren können, was für die Vögel höchst gesundheitsschädlich wäre. (Zwar wird oft empfohlen, zerlassenen Rindertalg als Bindemittel für Futtermischungen zu nehmen, aber zum einen ist Rindertalg nicht leicht zu bekommen, zum anderen braucht man gewaltige Mengen Talg, um genügend Fett zu erhalten.) Der klebrige Futterteig wird nun zwischen die geöffneten Schuppen der Zapfen gestrichen. Zum Schluss bekommt jeder Zapfen als Aufhängeschlaufe noch ein Stück Bindfaden, das um eine der ersten Schuppenreihen geknotet wird.

Ein improvisierter **Meisenknödel**, der unter den Gefiederten oft besser ankommt als das Industrieprodukt aus dem Supermarkt, lässt sich aus einem Stück Orangennetz und ein paar Handvoll Haselnüssen basteln: Das Netz einfach mit Nüssen füllen und dann zu einem festen »Nussklops« abbinden. Vorsicht: Die überstehenden Netzreste müssen unbedingt so festgewickelt und -gebunden werden, dass sich die Vögel nicht mit den Füßen darin verfangen können! Versehentlich Gefangene könnten sich bei ihren Befreiungsversuchen selbst verletzen oder in ihrer Panik buchstäblich zu Tode kämpfen!

## Geheimnisvolle Tierwelt

Wenn die Temperaturen tags über den Gefrierpunkt steigen und der Schnee richtig schön klebt, ist die große Zeit für Forscher gekommen: Aus Schnee und Eiszapfen und Zutaten aus Wald und Feld können die abenteuerlichsten Fantasietiere entstehen: angriffslustige Schneedrachen mit Fichtenzweig-Flügeln, zackigen Zapfenzähnen und Zweigkrallen, skurrile Tiefschneefische mit Blattschuppen und unheimlich glotzenden Kastanienaugen, lauernde Schneeleoparden mit Erdfleckenmuster auf dem Kör-

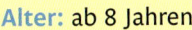
**Alter:** ab 8 Jahren
**Material:** Naturmaterialien wie Tannen-, Fichten- oder Kiefernzapfen, Fichtenzweige, Samenkapseln oder -schoten, Ranken der Waldrebe, Rindenstücke, Grasähren usw.
**Schwierigkeitsgrad:** leicht bis sehr aufwendig, je nach Raffinesse der gebauten Tiere

per oder die seltenen Schnee-
hirsche mit ihrem borstigen
Kiefernnadelfell und dem ausla-
denden Astgeweih.

Ist der Zoo der Seltenen und
Geheimnisvollen komplett, stellt
sich jeder Naturforscher neben
sein Forschungstier und erzählt
seinem staunenden Publikum all
die verblüffenden, exotischen
und verrückten Dinge, die er
über das Leben dieses seltenen
Tieres herausgefunden hat.

## Farbe in den Garten!

So schön eisverkrustete Zweige
und schneeüberpuderte Baumstämme auch sind, manchmal
hätte man im Winter ganz gern
ein bisschen Farbe, oder nicht?
Sandförmchen, ein wenig
gefärbtes Wasser und eisige
Temperaturen sind alles, was
man braucht, um die kahlen
Bäume im winterlichen Garten
etwas aufzupeppen.

Die Lebensmittelfarben rührt
man am besten in ein paar leeren Konservendosen an. An einer
windgeschützten, aber kalten
Stelle im Garten werden nun die
Sandförmchen aufgereiht und
eines nach dem anderen mit
dem gefärbten Wasser gefüllt.
Zum Schluss in jedes Förmchen
ein Stück Garn mit beiden Enden
so hineinlegen, dass es nach
außen eine Schlaufe bildet, die
später als Aufhänger dienen
kann. Die Förmchen bleiben
jetzt eine eisige Nacht lang sich
selbst überlassen.

Am nächsten Morgen ist das
gefärbte Wasser gefroren. Wenn
man die Förmchen einen Mo-
ment lang in einen warmen Lappen drückt oder sie kurz von
unten anfönt, lässt sich der
eisige Inhalt problemlos heraus-
lösen, und die Eisfiguren können
als bunter Schmuck in die Bäume
gehängt werden.

Auch Plätzchenformen lassen
sich gut als Gießformen einsetzen: Auf einem Küchenbrett
wird ein Stück Knete ausgerollt.
Drückt man die Ausstechformen
in diese Unterlage, entstehen
wasserdichte Gussformen, in die
das farbige Wasser eingefüllt
werden kann.

### Let's sprüh!

Doch die Aktion »Farbe in den
Garten« lässt sich auch einfacher
und ohne nächtliche Wartezeit

1 Ein leibhaftiger Schnelch mit einem Vogelbeergeweih!

2 Der Winter ist die beste Zeit für kleine Maler!

3 Gefärbtes Wasser ist zu bunten Baumanhängern gefroren.

durchziehen. Wir brauchen dazu nur gefärbtes Wasser, ein Set leerer Sprühflaschen, wie man sie für Fensterputzmittel verwendet, oder ein paar Wasserpistolen (der Einsatz der Sprühflaschen erfordert ein wenig Muskelkraft – je nachdem, wie kräftig die Kinder sind, eignen sich Sprühflaschen als Arbeitsgerät wohl erst für Kinder ab etwa 6 Jahren).

Die Sprühflaschen oder Wasserpistolen werden mit dem gefärbten Wasser gefüllt, jede Flasche mit einer anderen Farbe, und schon kann es losgehen. Der eine »malt« lieber Fantasietiere in den Schnee, der andere ersinnt ganze Landschaften, der Dritte versucht sich in Graffiti-Kunst. Schneemalen ist nicht nur etwas für Kinder, auch Erwachsene entdecken ungeahnte Talente in sich, wenn sie viele Quadratmeter »Leinwand« zur Verfügung haben.

Steht da nicht eine eintönig weiße Schneeburg in einer Gartenecke? Mit den Sprühflaschen kann man Efeu und Dornröschenrosen darauf ranken lassen und Eidechsen und Schmetterlinge auf die Wände zeichnen. Aus einer Schneeburg wird ein Märchenschloss.

**Alter:** ab 4 bzw. 6 Jahren
**Material:** Sandförmchen, Plätzchenformen, etwas Garn, mehrere große leere Konservendosen, Lebensmittelfarben, ein Küchenbrett, ein Nudelholz, leere Sprühflaschen, Wasserpistolen oder Ähnliches
**Schwierigkeitsgrad:** leicht

**Alter:** ab 4 Jahren
**Material:** 100 g Bittersalz
(Magnesiumsulfat) aus der
Apotheke, ein halbes Glas
warmes Wasser, ein dicker
Pinsel, ein paar kleine Glasscheiben oder Spiegel
**Schwierigkeitsgrad:** leicht
(beim Anrühren der Salz-
lösung ist elterliche Hilfe
willkommen)

## Eisblumen ohne Eis

Früher konnte man Eisblumen
an allen Fenstern blühen lassen:
Man musste nur an die Fensterscheibe hauchen und ein wenig
warten. Die feuchte Atemluft
kondensierte dann auf dem kalten Glas und bildete in kurzer
Zeit wunderschöne Fantasieblu-
men, Sterne und Spitzenmuster
aus Eiskristallen. Natürlich kon-
densiert auch heute noch die
Atemluft an der Fensterscheibe,
aber sie wird nicht mehr zu Eis.
Isolierfenster schützen so gut vor
Kälte, dass Eisblumen in modernen Wohnungen so etwas wie
eine aussterbende Art geworden
sind. Man könnte natürlich raus
in den Gartenschuppen gehen
und das alte Spiel dort noch
einmal versuchen. Aber es geht
auch einfacher. Und vor allem
wärmer!

Unter Rühren wird nach und
nach so viel Bittersalz ins warme
Wasser gegeben, bis sich neu
zugegebenes Salz nicht mehr
löst, sondern am Boden des
Glases absetzt. Diese Salzlösung
wird nun mit dem Pinsel auf
den vorher zurechtgelegten
Glasplatten und den Spiegeln
verstrichen – in Wellenlinien,
Kreisen, Strichen, Klecksen, ganz
wie es einem gefällt. Auch verschieden dicke Schichten oder
unterschiedlich konzentrierte
Salzlösungen ergeben wieder
ganz verschiedene Ergebnisse.
Ein bisschen Experimentieren
lohnt sich.

Die »versalzenen« Glasscheiben
und Spiegel werden nun eine
Nacht lang zum Trocknen an
einen warmen Platz gelegt. Am
nächsten Morgen haben sich
auf den Scheiben die schönsten
»Salzblumen« gebildet.

Was ist passiert? Wenn Salz sich
in Wasser löst, zerfällt es in Teilchen, die sich wie winzige Mag-
neten benehmen: Sie ziehen sich
gegenseitig an – und zwar so,
dass sich positiv geladene Enden
(man nennt sie positive Pole)
jeweils an negativ geladene
Enden (oder negative Pole) der
Nachbarteilchen anhängen.
Auch das Bittersalz zerfällt im
Wasser in magnetische Teilchen,
die sich schön ordentlich ausrichten: immer positive und

1 Der kleine Kiefernzapfen-Engel sieht aus, als
würde er gleich abheben.

2 In modernen Wohnungen mit ihren gut isolierten
Fenstern sind Eisblumen zu einer »aussterbenden
Art« geworden, aber an Schuppen-Fenstern kann
man die seltenen Schönheiten noch bewundern.

negative Pole einander zugewandt. Wenn das Wasser ver-
dunstet, haften die Teilchen in
dieser Formation auf dem Glas.
Und was dabei herauskommt,
sind die wunderschönen Kristall-
muster.

## Der Wald im Weihnachtsbaum

Klar, man kann Weihnachts-
baumschmuck in großer Auswahl
kaufen. Für jeden Geschmack –
und leider auch für so manche
Geschmacklosigkeit – findet sich
ein reiches Angebot. Warum also
selber basteln? Weil selbst ge-
bastelter Baumschmuck der
Fantasie Raum gibt, die Vorfreu-
de steigert – und weil Selbstge-
basteltes den Weihnachtsbaum
zu einem Unikat macht, das es
in keinem Katalog der Welt gibt.
Das beste Bastelmaterial findet
sich auf Stöbertouren in Wald
und Wiese, an Feldhecken und
im Garten. Kiefernzapfen sind
besonders vielseitig verwendbar.
Aus ihnen lassen sich die ver-
schiedensten Wesen und Tiere
basteln. Für einen kleinen Vogel
wird der Kiefernzapfen zum
Vogelkörper, und ein paar
Federn oder Grasähren werden
zu Flügeln und Schwanz: Die
Federn oder Ähren einfach mit
dem Ende in Klebstoff tauchen
und an den Seiten und am Hinterende zwischen die Schuppen
des Zapfens stecken. Als Kopf

dient eine kleine Watte- oder
Styroporkugel, die am stumpfen
Ende des Zapfens aufgeklebt
wird. Ein Stückchen rot bemal-
ter Schaschlikspieß steckt als
Schnabel in der Kugel. Wer es
ganz genau nimmt, kann an der
»Bauchseite« des Zapfens noch
zwei kleine Zweige als Vogelfüße
zwischen die Schuppen kleben.

## Kiefernzapfen im Höhenflug

Hängt man den Kiefernzapfen
senkrecht auf, wird ein Engel
daraus – ein Waldengel sozusagen: Am stumpfen Ende des Kiefernzapfens wird eine Wattekugel
aufgeklebt, ein weiterer Tropfen
Klebstoff fixiert eine Flocke
Schafwolle auf der Wattekugel –
die Haare. Die Flügel werden aus
Goldpapier ausgeschnitten, können aber auch aus zwei gepressten Blättern in passender Größe
bestehen. Buchenblätter zum
Beispiel eignen sich sehr gut als
Engelsflügel. Mit etwas Goldfarbe eingesprüht, sehen sie
richtig »himmlisch« aus.
Bekommt der Kiefernzapfen mit
dem Wattekugelkopf statt der
Engelshaare und der Flügel einen
Filzhut und einen Filzumhang
verpasst, wird ein Zwerg daraus.
Hut und Umhang sind einfach zu
basteln: aus Filz einen Kreis von
etwa 10 cm Durchmesser aus-
schneiden, ein Drittel des Kreises
zur Tüte zusammenrollen und als

Hut auf den Zwergenkopf kleben. Die übrigen zwei Drittel
bekommt der Zwerg als Mantel
um die Schultern gelegt.
Einfache, aber sehr hübsche
Weihnachtsbaumanhänger lassen sich aus Styroporkugeln
herstellen: In die Kugel wird
zunächst mit einer Stricknadel an
einer beliebigen Stelle ein etwa
zentimetertiefes Loch gebohrt,
in das eine Garnschlaufe als Aufhänger geklebt wird. Sobald der
Klebstoff trocken ist, kann die
Kugel verziert werden: Sie wird
rundum so dicht mit Lärchen-
zapfen, Erlennüsschen oder trockenen Mohnkapseln gespickt
(die Stiele zuvor in Klebstoff tauchen), bis vom Styropor nichts
mehr zu sehen ist. Wer mag,
kann die Zapfen, Nüsschen oder
Kapseln zum Schluss noch mit
Goldfarbe betupfen.

**Alter:** ab 4 Jahren (je nach
handwerklichem Geschick
und Schwierigkeitsgrad der
Weihnachtsbaumanhänger)
**Material:** Zapfen von Erle,
Lärche und Kiefer, verschiedenste Samenstände, Gras-
ähren, Federn, Goldfarbe,
wasserfester Filzstift, Klebstoff, Filzreste, Styroporkugeln, Schaschlikspieße,
Garn, Zeitung als Unterlage
**Schwierigkeitsgrad:** leicht
bis mittelschwer

# Beobachten und experimentieren

Warum wächst der Löwenzahn nach oben, eine Karotte aber nach unten? Warum schwärmen Bienen für duftenden Baldrian, Fliegen aber für Misthaufen? Warum fallen im Herbst die Blätter ab? Warum geht ein Wasserläufer nicht unter? Warum? Warum? Warum?

Alle Eltern waren schon mal am Ende ihrer Weisheit und Geduld, wenn ihr Nachwuchs sie mit Fragen löcherte, mit Fragen über Gott und die Welt – vor allem über die lebendige Welt. Hoffen wir, dass Kindern die Fragen nie ausgehen. Denn was sie sich selbst erfragen, dazu knüpfen sie auch eine Beziehung. Zuerst kommt das Wahrnehmen, dann folgt das Annehmen. Wohl jedes Kind wird zum Beispiel eine Großlibellenlarve beim ersten Anblick hässlich finden; aber wenn es erfährt, wozu die seltsame Maskenkonstruktion am Kopf gut ist, und wenn es sieht, wie meisterhaft die Larve mithilfe dieser Maske ihre Beute fängt, und wenn es schließlich miterleben kann, welch märchenhafte Gestalt aus der bizarren Körperhülle steigt, dann wird es die Libellenlarve mit neu erwachtem Kennerblick ansehen. Sogar die viel geschmähten Spinnen gewinnen neue Bewunderer, wenn Kinder sie eine Weile beobachten und kennenlernen. Haben sie erst einmal zugesehen, mit welchen Tricks eine Kreuzspinne die Speichenfäden ihres Netzes zieht und wie sie geradezu pedantisch die Fangspirale anlegt, dann werden sie Spinnen eher bewundern als ablehnen. Das Interesse hat den Ekel verdrängt.

Was Kinder kennen, das können sie lieben. Und was sie lieben, werden sie achten, werden sie schützen – und, wenn es sein muss, auch verteidigen.

# Frühling – das Leben boomt

*Es ist, als hätte jemand den Startpfiff gegeben: Überall keimt
und sprießt und blüht es in einem Tempo, als liefe das Leben jetzt im
Zeitraffer ab. Aber wie schnell wachsen junge Pflanzentriebe wirklich?
Und woher wissen sie überhaupt, wohin sie wachsen müssen?
Der Frühling überschwemmt mit Fragen.*

## Tulpengymnastik

Wenn man zusieht, wie sich die
Blüten von Tulpen oder Krokus-
sen langsam öffnen, könnte man
meinen, sie hätten Muskeln in
den Blütenblättern. Jeden Morgen werden zuverlässig die
Blüten aufgeklappt und jeden
Abend ebenso verlässlich wieder
zusammengefaltet. In Wahrheit
*klappen* die Blüten allerdings
nicht auf, sondern sie *wachsen*
auf: Morgens wächst nämlich die
Oberseite der Blütenblätter
schneller, sodass sich die Blätter
allmählich nach außen biegen
und öffnen. Abends dagegen
wächst die Unterseite der Blütenblätter schneller, sie biegen
sich folglich nach innen, und die

Blüten klappen wieder zu.
Wie diese unterschiedlichen
Wachstumsgeschwindigkeiten
zustande kommen? Ganz einfach: Die Zellen von Blattober-
und Blattunterseite haben unterschiedliche »Arbeitstemperatu-
ren«. Tagsüber, wenn es warm
ist, wachsen die Zellen auf der
Blütenoberseite besonders gut,
abends dagegen, bei abgekühl-
ter Luft, legen die Zellen auf der
Blütenunterseite los.
Wer ein Krokustöpfchen auf der
Fensterbank hat, kann dieses
Phänomen auf Kommando aus-
lösen: Werden die Krokusse in
den Kühlschrank gestellt, schließen sich nach ein paar Stunden
die Blüten. Stellt man sie wieder
auf die Fensterbank, öffnen sie
sich schon nach wenigen Minuten.
Wenn eine Blüte jeden Tag zwei
Wachstumsschübe hinlegt, wird
sie natürlich immer länger. Der
Zuwachs ist so stark, dass man
ihn schon mit einem einfachen
Schullineal nachmessen kann.

**Alter:** ab 10 Jahren
**Material:** ein Krokustöpfchen
oder blühende Tulpen;
Lineal, Stift und Karopapier
**Schwierigkeitsgrad:** ein
Experiment für Tüftler

Eine Tulpenblüte zum Beispiel
wird jeden Tag um etwa 7 %
größer, und über die ganze Blü-
tezeit gemessen, können sich
die Blütenblätter auf das Dop-
pelte verlängern!
Wer mag, kann das Wachstum
der blühenden Tulpe als Wachs-
tumskurve auf dem Karoblock
einzeichnen: Auf einer waag-
rechten Linie werden die Tage
nacheinander eingetragen, ein
Tag pro Karo. Dann wird über
jedem Tag die Länge des Blüten-
blattes aufgezeichnet, wie sie
an diesem Tag gemessen wurde:
Ist das Blatt zum Beispiel 4,2 cm
lang, kommt eine 4,2 cm lange
»Säule« über den entsprechen-
den Tag. Am nächsten Tag sind
es dann vielleicht 4,5 cm, am
übernächsten 4,8 cm. Zum
Schluss erinnert das Tagebuch
der wachsenden Tulpen- oder
Krokusblüte ein bisschen an eine
Reihe Orgelpfeifen.

## Farbenzauberei

Das Lungenkraut ist eine seltsame Blume. Man könnte meinen, die Pflanze, die im Frühjahr
überall in den Laubwäldern
wächst, kann sich für keine Blütenfarbe entscheiden: Junge Blüten sind rosa, später färben sie

**1** Tulpen klappen ihre Blüten nicht auf, sie wachsen sie auf!

**2** Blüten-Hokuspokus: Wenn Borretschblüten sauer sind (unter der Glocke), werden sie rosa.

sich in ein leuchtendes Blau um, und zuletzt, wenn sie welken und schließlich abfallen, werden sie lila. Wie kommt das? Welche Farbe die Blüte hat, richtet sich danach, wie sauer der Pflanzensaft ist. Je mehr Säure der Saft enthält, desto mehr geht die Farbe Richtung Rot, je »seifiger« er ist, desto mehr schlägt die Blütenfarbe Richtung Blau um. Und da der Pflanzensaft in den verschiedenen Teilen des Lungenkrauts unterschiedlich sauer ist, zeigen sie auch unterschiedliche Farbtöne. Dieser Farbenzauber lässt sich zu Hause ganz einfach nachspielen: Ein paar voll aufgeblühte blaue Lungenkrautblüten werden zusammen mit einem essig-

getränkten Wattebausch in eine Dose mit durchsichtigem Deckel gelegt. Nach einiger Zeit verfärben sich die Lungenkrautblüten wie durch Hexerei zu Rosa. Tunkt man dagegen rosafarbene Lungenkrautblüten in Wasser, in dem man Backpulver oder einen Tropfen Spülmittel verrührt hat, verfärben sich die Blüten zu Blau.

Das Experiment funktioniert übrigens auch mit den Blüten von Borretsch, Rittersporn, Vergissmeinnicht und Kornblumen. Und wenn keine dieser Blumen zu bekommen sind, kann man immer noch mit Rotkohl zaubern: Mit einem Schuss Essig bleibt Rotkohlsaft rot, mit etwas Backpulver oder Spülmittel verfärbt er sich zu Blau.

**Alter:** ab 6 Jahren
**Material:** Essig, Backpulver oder Spülmittel, Watte, eine Käseglocke, Butterdose oder Frischhaltebox mit transparentem Deckel, ein paar Blüten von Lungenkraut, Borretsch oder Vergissmeinnicht
**Schwierigkeitsgrad:** leicht (elterliche Präsenz ist wegen der teils ätzenden Zutaten allerdings angeraten)

**Alter:** ab 6 Jahren
**Material:** trockene Bohnen-
kerne, Wasser, ein leeres
Marmeladenglas, leere
Tablettenröhrchen aus dün-
nem Glas, eine Schüssel, ein
Backblech, Kleenex- oder
Taschentücher
**Schwierigkeitsgrad:** leicht

## Woher weiß die Bohne, wo unten ist?

Woher weiß eigentlich eine Wurzel, dass sie nach unten wachsen muss? Wächst sie einfach dorthin, wo es schön feucht ist? Oder zieht es sie dahin, wo es dunkel ist? Keines von beidem. Wurzeln wachsen dorthin, wo die Erdanziehungskraft sie hinlenkt. Das kann man mit einem einfachen Experiment beweisen:

Ein paar trockene Bohnenkerne werden zusammen mit feuchten Kleenextüchern in ein leeres Marmeladenglas gepackt – und zwar so, dass die Bohnen außen an der Glaswand klemmen und gut zu sehen sind. Die Tücher müssen nun in den nächsten Tagen ständig feucht gehalten werden. Nach einiger Zeit treiben die Bohnen Wurzeln und Sprosse; die Wurzeln wachsen nach unten, wie es sich gehört, die Triebe nach oben.

Wenn man jetzt aber das Glas auf die Seite legt, stellen sich die Wurzeln nach kurzer Zeit auf die neue Lage ein und wachsen zur neuen Unterseite hin. Auch die Sprosse machen eine Wendung und streben zur neuen Oberseite. Dreht man nach ein paar Tagen das Glas auf den Kopf, machen Wurzeln und Sprosse wieder kehrt. Auf diese Weise kann man Wurzeln und Sprosse in den tollsten Schlangenlinien im Glas herumlenken.

## Bohnen mit Power

Trockene Bohnen sehen so leblos aus, dass man sich kaum vorstellen kann, wie viel Kraft in ihnen steckt. Um zum Leben zu erwachen, müssen sie sich allerdings zuerst satt trinken. Eine Handvoll trockene Bohnen wird gewogen. Dann dürfen sie einen ganzen Tag lang in warmem Wasser baden, bis sie dick und schwer geworden sind. Ältere Kinder können vor dem Bohnenbad eine Schätzung abgeben: Wie schwer werden wohl 100 g Bohnenkerne, wenn sie so viel Wasser aufsaugen dürfen, wie sie nur wollen? Am nächsten Tag beim Wiegen zeigt sich, wer dem Ergebnis am nächsten gekommen ist.

Nun haben Bohnen aber nicht nur einen gewaltigen Durst, sie entwickeln auch Bärenkräfte. Manchmal bringen sie sogar Glas zum Zerspringen: Für diesen Versuch wird ein dünnwandiges gläsernes Tablettenröhrchen, das

**Alter:** ab 6 Jahren
**Material:** trockene Bohnenkerne (zum Beispiel Kidney-
bohnen), ein leeres Marmeladenglas, Kleenex- oder
Taschentücher
**Schwierigkeitsgrad:** leicht

**1** Bohnen wissen genau, wo oben und unten ist. Dreht man das Glas, wachsen Wurzeln und Triebe in die neue Richtung.

**2** Füllt man Bohnen mit Wasser in ein Glas, lassen sie sich ganz schön volllaufen – und purzeln schließlich über den Rand.

**3** Ameisenmolkerei: Die Ameisen beschützen ihre »Viehherde« und können dafür den Honigtau der Blattläuse ernten.

sich am oberen Rand etwas verengt, bis obenhin mit trockenen Bohnen und Wasser gefüllt und dann verschlossen. Nun stellt man das Glasröhrchen in eine größere Schüssel und überlässt es für die nächsten Stunden sich selbst. Nach spätestens einem Tag ist das Glas unter dem Druck der Bohnen zersprungen – und die Schüssel voller Glassplitter.

Mit Bohnen lässt sich auch ein netter kleiner Spuk veranstalten: Ein Becher wird randvoll mit trockenen Bohnenkernen und Wasser gefüllt und auf ein Backblech gestellt. Im Laufe der Nacht rollen die Bohnen dann wie von Geisterhand über den Glasrand und poltern auf das Blech. Wie das kommt? Sie haben sich vollgesaugt und einen so »dicken Bauch« bekommen, dass für einige kein Platz mehr war und sie über den Rand geschoben wurden.

## Ameisenmolkerei

Im Frühling sehen die jungen Triebe von Rosen, Holunder und vielen anderen Pflanzen oft aus, als trügen sie in einen flimmernden Überzug: Sie sind über und über mit Blattläusen besetzt. Viele Kinder finden solche lebenden Hüllen aus Blattläusen zunächst eklig, aber wenn sie

**Alter:** ab 8 Jahren
**Material:** »verlauste« Blüten, Lupe, Sitzgelegenheit und vor allem viel Geduld!
**Schwierigkeitsgrad:** leicht

das Blattlausgewusel erst einmal unter die Lupe genommen haben, wird aus Ekel schnell Faszination.

Vorsicht allerdings, dass beim Blattlausbeobachten die Füße nicht ausgerechnet in einer Ameisenstraße stehen! Wo Blattläuse wohnen, sind nämlich Ameisen meist nicht weit. Ständig laufen sie durch die Läusekolonien und machen sich an den Pflanzensaugern zu schaffen. Man kann deutlich sehen (am besten durch die Lupe), wie die Ameisen die Läuse von hinten mit ihren Fühlern betrillern. Die Läuse recken daraufhin ihr Hinterteil in die Höhe – fast, als würden sie Handstand proben – und sondern am After einen Tropfen Flüssigkeit ab, die von den Ameisen begierig aufgeschlürft wird.

Was sie da von sich geben, ist eigentlich nur Abfall. Blattläuse saugen nämlich mit dem Pflanzensaft viel mehr Zucker auf, als sie jemals verwerten könnten.

Sie müssen den süßen Überschuss irgendwie loswerden – und tun den Ameisen damit einen Riesengefallen. Denn denen schmeckt diese Leckerei natürlich hervorragend.

Wer ganz großes Glück hat, kann sogar die Geburt einer kleinen Blattlaus miterleben: Blattlausbabys sind keine unförmigen Maden, sondern sehen genauso aus wie ihre Mütter, nur eben als Mini-Ausgabe. Sie sind so hübsch und so durchsichtig wie kleine Glastierchen!

## Die Monster greifen an

Manchmal kriechen mitten durch die Blattlauskolonien borstige schwarze Larven. Man sieht ihnen wirklich nicht an, dass aus ihnen einmal Marienkäfer werden. Sie sind alles andere als schön – aber was macht das schon. Diese Borstentiere haben Blattläuse zum Fressen gern – und sie meinen das sehr wörtlich. Eine einzige Marienkäfer-

larve frisst in den drei bis vier Wochen ihrer Larvenkindheit bis zu 1300 Blattläuse!

Wo eine Käferlarve auftaucht, kommt Hektik in die eben noch gemütlich Saft saugende Blattlauskolonie. Wenn eine Blattlaus gepackt wird, gibt sie nämlich einen Alarmduft ab, der ihre Nachbarn warnt. Und sobald die benachbarten Läuse den Duft auf die Fühler bekommen (Insekten riechen mit den Fühlern), stürzen sie sich schnell in die Tiefe. Wenn die Käferlarve dann ihr erstes Opfer verspeist hat und sich das nächste greifen will, findet sie im näheren Umkreis nur noch einen läusefreien, verwaisten Zweig.

Es kann der Käferlarve aber auch passieren, dass sie gar nicht erst zum Zug kommt. Wenn die Ameisen den Mit-Esser entdecken, rüsten sie nämlich sofort zum Angriff. Sie drücken das Hinterteil zwischen den Hinterbeinen durch und schießen Salven von Ameisensäure auf die hungrige Marienkäferlarve. Früher oder später kapituliert sie und macht sich davon; die Blattläuse aber sind fürs Erste gerettet.

## Tiefbau-AG Regenwurm

An regnerischen Frühlingsmorgen sieht man bisweilen seltsame Sträußchen senkrecht in

1 Tiefbau-AG Regenwurm: Noch sind die verschiedenfarbigen Erd- und Sandschichten säuberlich voneinander getrennt, aber wenn die Regenwürmer erst mal losgelegt haben, werden sich die Schichten schnell vermischen.

**Alter:** Beobachter ab 4 Jahren, Bastler je nach Geschick ab etwa 10 Jahren
**Material:** 2 quadratische Plexiglasscheiben (30 × 30 cm), ein Brett (4 cm breit, 2 cm dick, 86 cm lang), Säge, Holzbohrer, passende Schrauben, Schraubenzieher, ein alter Nylonstrumpf, ein großer Gummiring; 4 oder 5 Regenwürmer
**Schwierigkeitsgrad:** nur etwas für handwerklich Geschickte

der Erde stecken – Blätter und Gräser vom Vorjahr, die von Regenwürmern gepackt und in ihre Gänge gezogen worden sind. Die Würmer sorgen nämlich für ihre nächsten Mahlzeiten vor: Die toten Blätter und Halme werden in ihren Wurmgängen von Bakterien so gut vorverdaut, dass auch ein zahnloser Regenwurm sie verwerten kann.

Man muss nicht unbedingt im Morgengrauen auf dem Bauch durchs nasse Gras robben, um den Würmern bei ihrer Arbeit zuzusehen. Regenwürmer lassen sich vorübergehend auch mal zu Haustieren machen. Für unser Experiment wird ein 2 cm dickes Brett in drei Stücke zersägt; ein Stück von 30 cm Länge und zwei Stücke von je 28 cm Länge. Diese drei Bretter schraubt man mit den Schmalseiten so zu einem U-förmigen Gebilde zusammen, dass das längere Brett die Basis und den Mittelteil des U bildet und die beiden kürzeren Teile die Seitenteile dar-

stellen. An dieses U werden vorne und hinten die beiden Plexiglasscheiben geschraubt, sodass ein schmales Terrarium entsteht (statt selbst ein Terrarium zu basteln, kann man natürlich auch ein Kleinterrarium kaufen; allerdings sind in so einem Behälter die Regenwürmer schlechter zu beobachten, weil sie sich leichter von den durchsichtigen Wänden fernhalten können).

In das Terrarium wird nun schichtweise Erde eingefüllt: zuunterst eine etwa handhohe Schicht feuchte Gartenerde, darüber eine etwa fingerhohe Schicht Sand, dann wieder eine handhohe Schicht Gartenerde usw. Der Sand ist für die Regenwürmer zwar nicht notwendig, aber durch die Farbunterschiede des Bodens wird später ihre Arbeit besser erkennbar. Zuletzt kommt eine Schicht aus welkem Gras und Falllaub obenauf. Das Wurmgehege sieht jetzt durch die Plexiglasscheiben hindurch

ein wenig wie eine Schichttorte aus. Zum Schluss wird etwas Wasser auf die Oberfläche gesprengt und das Ganze in ein dunkles Tuch eingeschlagen. (Aber bitte nicht luftdicht versiegeln! Die Würmer sollen es nur schön dunkel haben.) Am besten, das Terrarium bleibt an einem schattigen Platz im Freien stehen, wo es sich nicht überhitzen kann.

Jetzt fehlen nur noch die Bewohner. Am leichtesten finden sich Regenwürmer unter großen Steinen oder Brettern. Aber bitte nicht an den Würmern zerren, falls sie in ihre Röhren flüchten wollen. Regenwürmer sind nämlich empfindlich und zerreißen leicht! Besser ist es, mit einer Schaufel den ganzen wurmhaltigen Erdklumpen herauszuheben und vorsichtig auseinanderzubröckeln, bis man die Insassen in der Hand hat. Fünf große Regenwürmer genügen für das kleine Terrarium. In den ersten Tagen dürfen sie sich zunächst einmal in ihrer abgedunkelten neuen Behausung einleben. Dann kann man zum Beobachten die Verdunkelung zeitweise abnehmen und ihnen dabei zusehen, wie sie durch ihre Gänge kriechen und die Bodenschichten langsam miteinander vermischen, wie sie ihr Futter zu sich hinunterziehen und ihre knolligen kleinen Kothäufchen auf der Oberfläche absetzen.

# Rätsel-Sommer

*Wenn Wolkenbrüche die Tümpel zu Seen machen und dann wieder heiße, regenlose Wochen die Natur in einen Trockenschlaf zwingen, wenn Vogeleltern ihre gefräßigen Sprösslinge füttern, die ersten Schmetterlinge aus ihren Puppenhüllen kriechen und überall Insekten herumwuseln, dann ist Sommer – und Nachwuchs-Wissenschaftler haben Hochkonjunktur.*

## Schmetterlings-zucht

Es gibt kaum etwas Spannenderes, als aus nächster Nähe mit anzusehen, wie sich eine Raupe zuerst in die Puppe und schließlich in den Schmetterling verwandelt.

Eine »Schmetterlingsfarm« ist schnell aufgebaut. Sie besteht aus einem großen Einmachglas, in das als »Vase« für die Kohlblätter ein wassergefülltes Marmeladenglas gestellt wird. Damit die Raupen später nicht ins Wasser fallen und ertrinken können,

Alter: ab 4 Jahren
Material: ein großes Einmachglas, ein Stück ausgedienter Nylonstrumpf, Kohlblätter, ein leeres Marmeladenglas, etwas Alufolie oder Watte
Schwierigkeitsgrad: leicht; elterlicher »TÜV« ist allerdings ratsam

wird die Wasseroberfläche vorsichtshalber mit Watte oder Alufolie abgedeckt.

Die Insassen der Schmetterlingsfarm sind leicht zu finden: Wenn man sich die Unterseite von Kohlblättern oder auch Kapuzinerkresse genauer ansieht, entdeckt man bald ovale, gelbe Gebilde mit Längsriefen – die Eier der Kohlweißlinge – oder sogar schon die borstigen schwarz-weiß-gelben Raupen. Fünf bis sieben Raupen sollten für das Raupengehege genügen. Der beste Platz für den Raupenstall ist ein heller, aber nicht sonnenbeschienener Platz, zum Beispiel die Fensterbank eines Ostfensters. In den nächsten Wochen brauchen die pausenlos raspelnden Raupen nur eines: täglich frische Kohlblätter. Hin und wieder liegt auf dem Boden des Glases etwas Schrumpeliges herum. Das sind die Häute, die den wachsenden Raupen zu eng geworden sind. Sie haben sich aus ihrer alten Hülle herausge-

wunden wie aus einem zu klein gewordenen Hemd.

Nach Wochen unentwegter Fresserei ist es dann eines Tages so weit: Die eine oder andere Raupe wird unruhig, will nicht mehr so recht fressen und wandert scheinbar ziellos auf den Blättern umher. Endlich hat sie gefunden, was sie sucht: einen ungestörten Platz zum Verpuppen. Aus ihrem Spezialspeichel, der an der Luft zu Seidenfäden erhärtet, spinnt sie ein kleines Polster, hakt sich mit dem Hinterende daran fest und bastelt sich dann aus Speichelseide eine Art Gürtel dazu. Sobald sie sicher im Gürtel vertäut ist, schlüpft aus der letzten Raupenhaut ein kantiges Etwas: die Puppe. Zwei Wochen lang hängt die Puppe reglos in ihrem Gürtel. Dann fängt sie an, sich zu räkeln und zu winden. Ein Riss entsteht, wird immer größer, und

Ein frisch geschlüpfter Kleiner Fuchs - links die leere Puppenhülle.

Eine Raupe, wuschlig wie ein Teddybär!

Eimer + Sand + Stab = Sonnenuhr

aus dem Spalt arbeitet sich langsam der Falter.
Anfangs hängen die Flügel noch schlapp und faltig herab, doch die Blutflüssigkeit, die der frisch geschlüpfte Schmetterling in die Adern pumpt, sorgt dafür, dass sich die welken Lappen allmählich strecken und entfalten. Nach etwa einer halben Stunde sind die Flügel ausgebreitet, nach ein paar Stunden sind sie getrocknet, und der Falter ist startklar für sein neues Leben in Freiheit. Na dann: Guten Flug!

## Selbst gebastelte Sonnenuhr

Über den Bau von Sonnenuhren haben sich die berühmtesten Astronomen aller Zeiten die Köpfe zerbrochen. Man kann eine Sonnenuhr aber auch mit wenig Aufwand improvisieren. Dazu braucht man nur eine glatte Lehm- oder Sandfläche an einem sonnigen Fleck und ein gerades Stöckchen. Das Stöck-

**Alter:** ab 8 Jahren
**Material:** ein gerader Stock; eventuell ein Tonblumentopf, Bleistift oder Filzstift
**Versuchsort:** eine Stelle mit glattem, unbewachsenem Boden, am besten Sandboden
**Schwierigkeitsgrad:** leicht

105

chen wird senkrecht in den Boden gesteckt. Zu jeder vollen Stunde ritzt man dort, wo die Spitze des Stöckchens ihren Schatten hinwirft, eine Markierung und die zugehörige Ziffer in den Boden; bei Sonnenuntergang ist die Sonnenuhr komplett. Die Stunden-Markierungen, die auf einer geschwungenen Bahn verlaufen, werden jetzt durch eine gebogene Linie miteinander verbunden. Wer Lust hat, kann die Stundenzeichen oder die Linie nach Geschmack mit Zackenmustern oder anderen Ornamenten ausschmücken.

Oder sollte es lieber eine transportable Sonnenuhr sein? Außer einem Stöckchen braucht man dazu nichts weiter als einen tönernen Blumentopf und einen Bleistift oder Filzstift. Der Blumentopf wird auf ebenem Untergrund aufgestellt und mit Sand, Erde oder Kieseln gefüllt; in dieses Sand- oder Steinbett wird das Stöckchen senkrecht

hineingesteckt. Zu jeder vollen Stunde bekommt der Topfrand dort, wo der Schatten des Stockes auf ihn fällt, eine Markierung. Auch diese Markierungen und den Topf kann man natürlich ein wenig ausschmücken, um dem Blumentopf-Arrangement seine Banalität zu nehmen. Wer die »Topfuhr« an anderer Stelle aufstellen möchte, muss nur den Topf (nach einem verstohlenen Blick auf die Armbanduhr) zu einer vollen Stunde so ausrichten, dass der Schatten des Stöckchens auf die entsprechende Markierung fällt – schon ist die Uhr wieder »geeicht« und betriebsbereit.

## Wanderer in der Wüste

Mal angenommen, wir wären auf einem Mehrtages-Trip in der Wüste unterwegs. Die letzte menschliche Siedlung liegt schon ein paar Fahrstunden zurück, da stottert plötzlich der Motor. Der Geländewagen hat einen Getriebeschaden – und das ausgerechnet hier, in dieser gottverlassenen Einöde! Unbarmherzig brennt die Sonne vom Himmel herunter, der Boden ist heiß wie ein Backofen, die Zunge klebt am Gaumen. Und natürlich ist der letzte Tropfen Trinkwasser längst verbraucht. Was tun? Ganz einfach: Trinkwasser aus dem Boden »melken«.

Am besten eignet sich feuchter, sandiger, wurzelfreier Boden für diesen Versuch (in durchwurzeltem Boden ist das Graben zu mühsam). Der heimische Sandkasten ist für das Experiment geradezu ideal. Alles, was man dazu braucht, sind eine Schaufel, eine kleine Schüssel und ein Stück Plastikfolie. Das Loch, das in den Boden gegraben wird, muss mindestens doppelt so tief sein wie die Schüssel hoch ist. In die ausgehobene Grube wird die Schüssel hineingestellt. Dann breitet man die Plastikfolie locker über das Loch, beschwert sie mit Steinen und dichtet sie rundum mit Sand ab, sodass die Folie schließlich wie ein durchhängendes Dach das Loch zudeckt. Zum Schluss legt man einen kleinen Stein so in die Mitte, dass der tiefste Punkt der Folie genau über dem Gefäß ist. Nach einigen Stunden sammeln sich innen auf der Folie Wassertröpfchen, rinnen zum tiefsten Punkt und tropfen in das Gefäß

**Alter:** ab 8 Jahren
**Material:** eine Schaufel, eine kleine Schüssel, ein Stück durchsichtige Plastikfolie, ein paar Steine
**Versuchsort:** eine Stelle mit sandigem, feuchtem Boden
**Schwierigkeitsgrad:** mittelschwer

**1** Wanderer in der Wüste wissen sich zu helfen: Sie »melken« einfach Wasser aus dem Sand. Sie brauchen dazu nur ein Stück Plastikfolie, eine Schüssel und ein paar Steine.

**2** Die Bienen-Tankstelle ist eröffnet! Ob die selbst gebastelten Blumen naturgetreu aussehen oder nicht, ist den Bienen ziemlich egal. Hauptsache, die Honigbar ist gut gefüllt!

hinein. Je mehr Feuchtigkeit der Boden enthält, desto mehr Wasser gelangt in die Schüssel. Und wenn der Boden nicht feucht genug ist? So was soll in Wüsten ja durchaus vorkommen! Auf unserem Wüstentrip hätten wir einfach ein paar saftige wässrige Kaktusscheiben rund um die Schüssel unter die Plastikfolie gelegt. Die hätten sicherlich genug Feuchtigkeit ausgeschwitzt, um die Wasserschüssel zu füllen.

## Bienenkneipe

Wenn man sich an einem Sommertag unter eine blühende Linde stellt und die Ohren spitzt, könnte man meinen, in der Baumkrone liefe ganz leise ein Motor: Unmengen von Bienen summen dort oben von einer Blüte zur anderen und sammeln Nektar und Pollen ein. Der Baum scheint eine gute Adresse zu sein.

Aber woher wissen die Bienen eigentlich alle, dass es hier etwas zu holen gibt? Haben sie einen so feinen Geruchssinn, dass sie eine blühende Linde noch aus kilometerweiter Entfernung riechen können? Wohl kaum. Sie wissen deshalb so genau Bescheid, weil ihnen ihre Kolleginnen von der ergiebigen Nektartankstelle »erzählt« haben. Bienen können einander nämlich in Zeichensprache

genau mitteilen, *was* es zu holen gibt, *in welcher Richtung* es zu finden ist, und sogar, *wie weit* man dorthin fliegen muss.

Wie schnell sich gute Nachrichten herumsprechen, kann man mit einem kleinen Experiment selbst ausprobieren. Alles, was man dazu braucht, sind ein paar künstliche Blumen und ein bisschen Honigwasser. Beim Blumenbasteln aus buntem Fotokarton können Kinder ihrer Fantasie freien Lauf lassen, denn den Bienen kommt es nicht darauf an, wie naturgetreu die

**Alter:** ab 6 Jahren
**Material:** farbiger Karton, Schere, Farbstifte, Klebstoff, Hammer, ein paar Nägel, ein paar Marmeladenglasdeckel
**Versuchsort:** eine Stelle mit gutem Bienenanflug, sonniges Wetter
**Schwierigkeitsgrad:** leicht

Nachbildung ausfällt. Am schönsten sieht es aus, wenn mehrere unterschiedlich große und verschiedenfarbige Blüten so ineinandergeklebt werden, dass die größte Blüte außen und die kleinste innen liegt. Wer Lust hat, kann auf die Blütenblätter mit Farbstiften auch noch Blütenadern in kontrastierenden Farben malen.

Sind die Kunstblumen fertig, werden sie durch die Blütenmitte hindurch auf Pfosten genagelt. Das ganze Arrangement wird dort aufgestellt, wo gerade lebhafter Bienenandrang herrscht – zum Beispiel an einem Wegrain mit vielen blühenden Pflanzen. Wichtig ist, dass die Kunstblumen einigermaßen waagrecht stehen. In die Blütenmitte werden zuletzt Deckel von Marme-

ladengläsern gestellt und mit ein paar Tropfen Honigwasser gefüllt. Fertig ist die Bienenkneipe.

Es kann eine ganze Weile, womöglich sogar ein paar Stunden dauern, bis eine der Bienen die neue Snackbar entdeckt. Dann aber spricht sich überraschend schnell herum, dass es hier eine neue Nahrungsquelle abzuernten gibt. Binnen kürzester Zeit sind die Kunstblumen von Bienen umlagert. Die Pionierin hat im Stock Meldung erstattet, und ihre Kolleginnen sind ihrer Empfehlung in Scharen gefolgt.

## Pflanzen mit Feingefühl

Alle Pflanzen wollen zum Licht. Die meisten schaffen das, indem sie sich auf starken Stämmen oder robusten Stängeln nach oben arbeiten. Manche aber sparen sich diesen Aufwand und halten sich beim Wachsen einfach an ihren Nachbarn fest. Aber woher wissen solche »Trittbrettfahrer« eigentlich, wann und wo sie »zupacken« müssen? Woher wissen sie, wann sie einen Haltepunkt erwischt haben, um den sie ihre Ranken herumwickeln können? Ganz einfach: Sie spüren es. Erbsen zum Beispiel haben dünne, sensible Stellen in der Haut ihrer Ranken, an denen sie

eine Berührung genau fühlen können. Werden sie dort gekitzelt, wächst die Ranke einfach im Kreis um die »Kitzelstelle« herum. Das funktioniert so zuverlässig, dass man Erbsen mit einem Grashalm veralbern kann: Man sucht sich eine gerade erst ausgewachsene Ranke und streicht vorsichtig mit dem Halm an ihr entlang. Wichtig ist allerdings, dass der Halm die »Bauchseite« der Ranke streichelt, denn nur dort ist sie kitzelig. Schon nach wenigen Minuten biegt sich die Ranke langsam nach innen – dorthin, wo sie den neuen Haltepunkt vermutet. Statt Erbsenranken kann man natürlich auch die Ranken einer Passionsblume, einer Wicke oder eines Weinstocks kitzeln. Sie antworten ganz ähnlich auf Streicheleinheiten mit dem Grashalm.

Dabei zeigt sich allerdings bald, dass manche Pflanzen schnell reagieren, während andere eine ziemlich lange Leitung haben. Den Rekord hält die südamerikanische Kürbispflanze *Sicyos*: Ihre Ranken krümmen sich schon 30 Sekunden nach einer Berüh-

1

**Alter:** ab 6 Jahren
**Material:** Rankpflanzen, zum Beispiel Erbsen oder Wicken
**Schwierigkeitsgrad:** sehr leicht

1  Irgendetwas hat die Kürbis-
   ranke gekitzelt; prompt hat
   sie sich eingerollt, weil sie
   »glaubte«, sie hätte eine
   Stütze zum Festhalten
   gefunden.

2  Wenn eine Ameise erst mal
   eine Duftspur gelegt hat,
   folgen die Kolleginnen bald
   dieser Fährte: Eine Ameisenstraße entsteht.

rung! Die wahrscheinlich längste Leitung hat dagegen der Rankende Lerchensporn: Erst nach 18 Stunden legen sich seine Ranken in die Kurve.

Es macht Spaß, die Streicheltour mit allen möglichen Gegenständen auszuprobieren und herauszufinden, wie sensibel Erbse oder Wicke wirklich sind. Klappt die Sache auch noch mit einem Haar? Oder sogar mit einem Wollfädchen? Nur eine Berührung ignorieren sämtliche Ranken: Wassertropfen bringen keine von ihnen zum Krümmen – aus gutem Grund: Sie würden ja sonst bei jedem Regenschauer verrückt spielen!

Und wie sieht es bei Bohnen, Geißblatt oder Zaunwinde aus? Fehlanzeige: Diese Pflanzen haben gar keine Ranken, sondern halten sich beim Wachsen mit dem ganzen Stängel fest. Wenn sie auf der Suche nach einer Stütze sind, wachsen sie

einfach stur so lange im Kreis herum, bis sie durch Zufall irgendwann auf einen festen Widerstand treffen. Von da an setzen sie ihren Kreiskurs an der Stange fort; »Gefühle« sind bei ihnen nicht im Spiel.

## Ameisen-Highway

Wiesenameisen können nichts für sich behalten, am allerwenigsten den Fundort einer leckeren Futterquelle. Wer so etwas aufgestöbert hat, holt sofort Verstärkung. Eine Arbeiterin von Wiesenameisen beispielsweise bringt es fertig, für ihre Kolleginnen im Ameisennest den Weg zum Futter so genau zu kennzeichnen, dass die nur noch der Nase nach laufen müssen. Die Entdeckerin der Futterquelle hat nämlich eine Duftspur vom Futter zum Nest gelegt. Sie hat in regelmäßigen Abständen ihr

Hinterteil auf die Erde getupft und dabei jedes Mal eine winzige Menge Sekret abgegeben. An diesen Sekrettupfern schnüffeln sich die anderen Ameisen dann entlang.

Wir mit unseren unsensiblen Nasen könnten der Ameisenduftspur zwar nicht folgen, aber wir können sie sichtbar machen: Ein Flaschenschraubverschluss wird dazu mit etwas Klebstoff auf der Innenseite des Marmeladendeckels so befestigt, dass er wie eine Minischüssel mitten im Deckel thront. Dann legt man

**Alter:** ab 8 Jahren
**Material:** ein Marmeladenglasdeckel, Schraubverschluss einer Mineralwasserflasche, etwas Klebstoff, ein paar Tropfen Honig, 2 Stäbchen von Eis am Stiel
**Schwierigkeitsgrad:** leicht

1 Spannend, was da alles von den Zweigen geplumpst ist!

2 Ein Käfer? Falsch: eine Wanze.

3 So sieht ein richtiger Käfer aus: ein Blattkäfer.

den Deckel samt eingeklebtem Flaschenverschluss an einen Wegrand oder an einen Fleck in einer Wiese, wo regelmäßig Wegameisen vorbeikrabbeln. In den Flaschenverschluss kommt etwas Honig, der Marmeladendeckel dagegen wird mit Wasser gefüllt, sodass der Honigtopf in der Mitte quasi von einem wassergefüllten Burggraben umgeben ist. Zum Schluss wird eines der beiden Eisstäbchen an den honiggefüllten Flaschenverschluss gelehnt und fungiert damit als Brücke über den Burggraben. Das andere Stäbchen wird ebenfalls zur Brücke – allerdings führt dieser Steg nur auf den Rand des Marmeladendeckels.

Es kann nicht lange dauern, bis die ersten Ameisen die beiden Brücken überkrabbeln und auskundschaften. Nach kurzer Zeit wird die Brücke zum Honig zu einem viel belaufenen Ameisen-Highway; über die andere Brücke dagegen, die nur auf den Rand des Marmeladendeckels führt, krabbelt höchstens ab und zu mal ein Irrläufer.

## In die Irre geführt

Haben sich die Ameisen auf den Weg zum Honig eingestellt und benutzen die Brücke dorthin emsig, ist es so weit: Die Zielpunkte der beiden Brücken werden ausgetauscht. Das viel begangene, viel markierte Eisstäbchen endet jetzt auf dem Rand des Marmeladendeckels, das kaum begangene Eisstäbchen dagegen ist der neue Zugang zum Honigtopf. Was wird passieren? Merken die Ameisen, dass man sie an der Nase herumführt? Nein, sie marschieren weiterhin ihrer Nase nach, sie bleiben bei ihrer duftmarkierten Hauptverkehrsstraße – die sie allerdings nur noch auf den Rand des Marmeladendeckels führt, an den Rand des Wassergrabens. Erst wenn die Duftmarkierung schwächer geworden ist und findige Ameisen das andere Eisstäbchen als Weg zur lohnenden Futterquelle neu entdeckt und neu markiert haben, kehrt sich der Verkehrsstrom um und der Andrang richtet sich wieder auf den honiggefüllten Schraubdeckel.

## Bäumchen schüttel dich

Die meisten Insekten, Spinnen, Wanzen und all die anderen Krabbeltiere sind richtige Heimlichtuer. Die große Mehrheit der Wiesenwesen bekommen wir kaum jemals zu Gesicht – es sei denn, wir helfen etwas nach! Unter einem Holunderbusch, Weißdornbusch, Haselstrauch oder einen anderen bei Insekten beliebten Busch wird ein altes Tischtuch oder Bettlaken ausgelegt. Hat man kein Tuch zur Hand, tut's auch ein aufgespannter Regenschirm, den man kopfüber auf den Boden unter den Busch legt. Dann schlägt eines der Kinder mit einem langen Stock an die Äste und Zweige über dem Tuch – und schon rieseln die Krabbeltiere herunter! Jetzt schnell die Beutetiere in die mitgebrachten Filmdöschen oder Marmeladengläser sortieren, bevor sie sich von ihrem Schreck erholen und davonkrabbeln. Was ist Spinne, was ist Käfer? Viele Leute glauben, Spinnen seien mit Käfern verwandt. Irrtum! Tatsache ist, dass ein Marienkäfer einer Kreuzspinne ungefähr so nahesteht wie ein Elefant einem Laubfrosch. Zwei sichere Unter-

scheidungsmerkmale: Spinnen haben *nie* Fühler – Käfer, Fliegen, Schmetterlinge und all die anderen Insekten besitzen *immer* welche; Spinnen haben immer acht Beine – Insekten nur sechs. Sicher sind auch einige Ohrwürmer unter den Abstürzlern, leicht zu erkennen an den zangenartigen Anhängseln am Hinterteil. Bei Männchen sind diese »Zangen« übrigens stark gebogen, bei Weibchen eher gerade. Ohrwürmer verspeisen als Allesfresser auch Blattläuse.
Und was sind das für komische »Käfer«, die diesen dreieckigen Schild zwischen den Flügelansätzen haben und manchmal so unangenehm müffeln? Das sind Wanzen, mit den Käfern nur entfernt verwandt. Die meisten Wanzen, die aufs Tuch gefallen sind, leben von Pflanzensäften, die sie aus frischen Trieben saugen. Aber es sind bestimmt auch einige Raubwanzen dabei; sie jagen Spinnen und Insekten und saugen manchmal sogar einen Artgenossen aus.
Zu den spannendsten Tieren auf dem Tuch gehören die verschiedenen Raupen. Manche sehen aus wie dürre kleine Stöckchen, andere erinnern an wandelnde Schuhputzbürsten, und wieder andere sind grasgrün und werden fast unsichtbar, wenn sie zwischen Blättern sitzen.
Auch ein paar Marienkäfer sind aus den Zweigen geplumpst und

stellen sich zunächst mal beharrlich tot. Erst wenn sie glauben, die Luft sei rein, krabbeln sie eiligst auf einen erhöhten Punkt, schieben ein Paar durchsichtige Flügel unter den schwarz gepunkteten Flügeldecken hervor und schwirren davon.
Eine Becherlupe hilft, spannende Einzelheiten zu entdecken. Da entdeckt man, dass Käfer, Ohrwürmer, Raupen und viele andere Winzlinge ihre Kiefer beim Kauen nicht wie wir auf- und abbewegen, sondern »quer«. Wer sich die Insektenfüße in der Becherlupe genauer ansieht, stellt fest, dass nicht nur Katzen Krallen haben, sondern auch Käfer. Und wenn man die Fühler unter die (Becher-) Lupe nimmt, entdeckt man die seltsamsten Gebilde – von Keulen über Bockshörner bis hin zu Kämmen.

**Alter:** ab 6 Jahren
**Material:** ein großes, helles Tuch (z. B. ein altes Bettlaken oder eine ausgediente Tischdecke) oder ein Regenschirm, ein Stock, eine Becherlupe, ein Insektenbestimmungsbuch, transparente Filmdöschen oder leere Marmeladengläser
**Schwierigkeitsgrad:** einfach in der Durchführung, aber gute Beobachtungsgabe erforderlich

3

111

# Herbst – der Nachlass des Sommers

*Die frühen Herbsttage gehören zur besten Zeit für Jungforscher. Der Sommer und seine Geschöpfe haben Scharen von Nachkommen hinterlassen. In jedem Busch, an jedem Wegrain krabbelt und wuselt es, und der Herbsthimmel ist voller Altweiberfäden und fliegender Samen. Abschied liegt in der Luft – aber auch Neubeginn.*

## So ein Spinner!

Spinnennetze gehören zum Frühherbst wie Vogellieder zum Frühling. Meistens entdeckt man sie freilich erst dann, wenn man versehentlich hineingeraten ist –

1 *Eine Spinne in ihrem Behelfsheim.*

2 *Spinnennetze sind ganz große Kunst!*

3 *Wasserläufer: Wasser hat DOCH Balken!*

**Alter:** ab 8 Jahren
**Material:** ein leeres Marmeladenglas, ein großes Gurkenglas, etwas Knete, eine
Handvoll Erde, ein gegabelter
Zweig, ein Stück Gardinengaze, ein Haushaltsgummi
**Schwierigkeitsgrad:** mittelschwer; elterlicher »TÜV«
ist ratsam

ein Gefühl, das nicht jeder schätzt. Aber habt ihr schon mal zugesehen, wie so ein Netz entsteht? Bauarbeiten am Spinnennetz sind wirklich spannend, vor allem dann, wenn die »Spinnerin« eine Kreuzspinne ist.

In Hecken oder zwischen hohen Stauden am Wegrand muss man meist nicht lange suchen, bis man ein Spinnennetz gefunden hat. Vor allem morgens und in der Abenddämmerung sitzen die Spinnen oft mitten im Netz – übrigens immer mit dem Kopf nach unten –, tagsüber liegen sie lieber unter einem der Blätter am Netzrand auf der Lauer. Wenn man die Spinne ein bisschen anstupst, seilt sie sich meist an einem Sicherheitsfaden in den Unterwuchs ab. Jetzt schnell das Marmeladenglas daruntergehalten, und schon ist das Versuchstier unter Dach und Fach.

Nun wird das Gurkenglas für die Spinne möbliert: mithilfe der Knete einen gegabelten Zweig am Boden und an den Seiten so verankern, dass er nicht kippen kann; anschließend die Erde und obenauf die Blätter als Fußbodenbelag verteilen, und voilà – Madame Spinne kann ihr vorübergehendes Domizil beziehen. Als luftdurchlässiger Deckel wird zum Schluss noch die Gardinengaze mit dem Haushaltsgummi über die Glasöffnung gespannt.

## Spinnenbaukunst

Vermutlich wird sich die Spinne zunächst verschreckt unter den Blättern am Boden verkriechen, doch nach einer gewissen Eingewöhnungszeit macht sie sich nach alter Gewohnheit daran, ein Netz zu bauen. Es ist faszinierend anzusehen, mit welchen Tricks sie zuerst die Rahmenfäden, dann die ersten Speichenfäden zieht, in welcher Reihenfolge sie das Rohgerüst weiterbaut und wie sie schließlich die Spirale mit den Klebstofftröpfchen anlegt.

Wenn die Spinne nur zwei oder drei Tage im Gurkenglas hausen soll, braucht sie nichts zum Fressen. Soll das Glas allerdings ihr Zuhause für die nächsten Wochen werden, muss sie mit Insekten versorgt werden und braucht in einem Marmeladenglasdeckel etwas Trinkwasser, damit sie nicht verdurstet.

Spinnen als Haustiere – und sei es nur vorübergehend – sind nicht jedermanns Sache. Doch auch an frei lebenden Spinnen lässt sich Interessantes beobachten. Um die Lauerjäger aus der Reserve zu locken, braucht man nur eine Stimmgabel. Man sucht sich ein schönes, großes Spinnennetz, schlägt die Stimmgabel einmal kräftig gegen die Handfläche und hält die leise summende Gabel ans Netz. Sofern das Netz von einer einigermaßen hungrigen Spinne besetzt ist, wird sie jetzt angelaufen kommen. Warum? Die Schwingungen der Stimmgabel ähneln den Schwingungen, die ein gefangenes Insekt im Netz verursacht. Also nichts wie hin zur vermeintlichen Beute.

## Wasser hat doch Balken!

Eins steht fest: Wer auch immer den Spruch aufgebracht hat, dass Wasser keine Balken hat, der hat noch nie etwas von Was-

**Alter:** ab 8 Jahren
**Material:** eine kleine Schüssel Wasser, eine Pinzette, etwas Toilettenpapier, eine Büroklammer
**Schwierigkeitsgrad:** erfordert etwas Fingerspitzengefühl

serläufern gehört. In jedem Tümpel kann man diese seltsamen Insekten beobachten, die über den Wasserspiegel sprinten, als hätten sie Parkettboden unter den Beinen. Mit ihren breiten Füßen können diese Fliegengewichte tatsächlich auf dem Tümpel spazieren laufen, ohne nass zu werden.

Und wie stellen sie das an? Sind sie leichter als Wasser? Oder haben sie unsichtbare Schwimmer unter den Füßen? Alles falsch. Sie machen sich einfach zunutze, dass Wasser ein paar Eigenheiten hat, die es von anderen Flüssigkeiten unterscheiden. Wassermoleküle sind nämlich gebaut wie winzige Magnete; sie haften ziemlich fest aneinander und machen aus der Wasseroberfläche eine Art Haut. Diese Haut ist stabil genug, um leichte Gewichte zu tragen – zum Beispiel einen Wasserläufer. Wie das funktioniert, lässt sich sogar zu Hause nachspielen: Man reibt eine Büroklammer ein wenig zwischen den Fingern und

legt sie auf ein Stückchen Toilettenpapier. Dann füllt man eine Schüssel mit etwas Wasser und legt das Papierstückchen mit der Klammer vorsichtig auf die Wasseroberfläche. Eine Weile schwimmt das Toilettenpapier-Floß auf dem Wasser, dann sinkt das vollgesogene Papier nach unten. Die Büroklammer aber schwimmt wie durch Zauberei weiter auf der Oberfläche. Wie der Wasserläufer wird auch sie von der Wasserhaut getragen. Und wozu war das Reiben mit den Fingern nütze? Die Klammer hat durch die Abreibung einen hauchdünnen Fettfilm bekommen, der das Wasser abstößt und dadurch das Schwimmen erleichtert. Wasserläufer machen es übrigens genauso: Sie reiben ihre Füße regelmäßig mit einem wasserabstoßenden Sekret ein. Ihr zweiter Trick: Sie tragen an allen Füßen dicke Haarpolster, auf denen sie so sicher über die Tümpel schliddern, als seien sie auf Wasserskiern unterwegs.

## Raubtierfütterung

Dort, wo sich im Tümpel der Schlamm sammelt, sind die Raubtiere zu Hause, die heute gefüttert werden sollen. Sie sind allerdings nur zwei bis drei Zentimeter groß, und entsprechend winzig ist auch das Futter, das wir für sie vorgesehen

haben: ein paar kleine Regenwürmer.

Wenn man ins Wasser späht, sieht man auf den ersten Blick nur Schlamm, doch wer eine Weile geduldig und reglos am Ufer sitzt und den Schlammboden im Auge behält, sieht bald ein paar plumpe, braune Krabbeltiere umherstelzen. An menschlichen Schönheitsidealen gemessen, sind die Tiere zwar ausgesprochen hässlich; doch nach vielen Häutungen werden aus den kleinen Monstern eines Tages bildschöne Libellen schlüpfen.

### Die Schleicher im Schlamm

Es ist so weit, die Fütterung kann losgehen. Ganz langsam und vorsichtig bewegt sich die Hand mit dem Regenwurm auf eine der Libellenlarven zu und

**Alter:** ab 8 Jahren
**Material:** einige kleine Regenwürmer
**Beobachtungsort:** Tümpel mit schlammigem Grund
**Voraussetzungen:** die Kinder müssen bereits begriffen haben, dass ein jagendes Tier nicht »böse« ist, nur weil es andere frisst
**Schwierigkeitsgrad:** sehr leicht

1. Raubtierfütterung: Die Libellenlarve hat Jagdglück gehabt. Ein kleiner Fisch klemmt zwischen ihren Zangen.

2. Wetterstation: Fichtenzapfen sind die idealen Feuchtigkeitsanzeiger; sie reagieren hochsensibel auf wechselnde Luftfeuchtigkeit.

lässt den Wurm behutsam über ihr ins Wasser gleiten. Schnelle Bewegungen würden die Larven erschrecken und sofort wieder im Schlamm verschwinden lassen. Langsam sinkt der sich windende Regenwurm tiefer. Da! Eine der Libellenlarven scheint etwas gemerkt zu haben! Ruckartig reißt sie den Kopf herum. Wie eine Katze, die eine Maus gesehen hat, schleicht sie sich millimeterweise näher und bringt sich in die richtige Position zur Beute. Sie ist noch ein gutes Stück von dem schlängelnden Wurm entfernt, da schnellt plötzlich mit unglaublichem Tempo eine Art Zange an ihrem

Kopf nach vorne und packt das Opfer. Libellenlarven jagen nämlich mit einer sogenannten Fangmaske. Das ist ein eigentümlich geformter Greifer, der in spitzen Zangen endet. In Ruhestellung liegt das Ding zusammengeklappt unter dem Kinn, aber sobald Beute in greifbare Entfernung kommt, ist die Zange blitzschnell ausgefahren. Der Libellenlarve ist ein Volltreffer gelungen. Der Wurm zappelt zwischen den Greifern.
Viele Häutungen und viele Regenwürmer und Kaulquappen und Mückenlarven später wird sie ihre Haut ein letztes Mal wechseln, doch diesmal wird

sie dazu an einem Schilfhalm aus dem Wasser steigen. Aus der bräunlichen Hülle steigt dann keine größere Larve, sondern ein wunderschöner Meisterflieger mit gläsernen Flügeln.

## Selbst gebaute Wetterstation

### Feuchtigkeitsmesser: Wenn Regen in der Luft liegt

Kiefernzapfen sind ausgesprochen wetterfühlig: Bei trockenem Wetter spreizen sie die Schuppen weit ab, bei feuchtem Wetter dagegen legen sie sie

115

**Alter:** ab 10 Jahren

**Material:** für den Feuchtigkeitsmesser ein großer Pappkarton, ein Kiefernzapfen, ein Strohhalm, etwas Knete, Klebstoff; für das Barometer ein leeres Marmeladenglas, ein (kaputter) Luftballon, ein Haushaltsgummi, ein Strohhalm, ein wasserfester Filzstift, etwas Knete; für den Regenmesser 2 gleich große Plastikflaschen, ein Messer, Draht oder Bindfaden, ein wasserfester Filzstift, Klebeband, etwas Knete

**Schwierigkeitsgrad:** erfordert geschickte Hände; elterliche Anleitung ist ratsam

dicht an. Diese Eigenart ist nicht nur gut für die Samen (sie können nur bei trockenem Wetter lossegeln), sie macht aus Kiefernzapfen auch mit ein paar Handgriffen die perfekten Feuchtigkeitsmesser:

Etwa in der »Bauchmitte« des Kiefernzapfens klebt man an einer der Schuppen einen Strohhalm oder Schaschlikspieß so fest, dass er parallel zu den Schuppen aus dem Zapfen herausragt. Dann stellt man an

einem sonnen-, wind- und regengeschützten Platz im Freien einen Pappkarton hochkant auf, sodass ein nach vorne offenes Gehäuse entsteht; in dieses Gehäuse wird der Kiefernzapfen dann so platziert, dass der Strohhalm mit seiner Spitze fast die Kartonwand berührt. Ein Standfuß aus etwas Knete sorgt dafür, dass der Zapfen nicht verrutscht.

Bei trockenem Wetter sind die Schuppen des Zapfens weit geöffnet, und der Strohhalm ragt mehr oder minder waagrecht aus dem Zapfen heraus. Die Stelle, wo der Halm auf die Kartonwand zeigt, wird mit einem Strich markiert und bekommt eine

**1** *Nicht »schön«, aber spannend: eine selbstgebaute Wetterstation.*

**2** *Hoher Luftdruck presst die Luft im Glas zusammen: Der Zeiger steigt.*

**3** *Drosseln verputzen ihre Nester.*

116

kleine gezeichnete Sonne als Symbol. Steigt nun die Luftfeuchtigkeit, schließen sich die Schuppen, und die Spitze des Strohhalms wandert entsprechend nach oben. Die höchste Stelle, auf die sie an Regentagen weist, kennzeichnet man mit einem Strich und einer Wolke.

## Barometer: ständig unter Druck

Für das improvisierte Barometer spannt man ein Stück Luftballonhaut mit Hilfe eines Gummirings straff über die Öffnung eines leeren Marmeladenglases. Dann wird ein Strohhalm oder Schaschlikspieß mit Klebeband so auf der Ballonhaut festgeklebt, dass seine Spitze genau auf den Mittelpunkt der Gummihaut zu liegen kommt. Auch das präparierte Marmeladenglas erhält anschließend im Kartongehäuse einen mit Knete fixierten Standplatz. Die Spitze des Strohhalms oder Schaschlikspießes soll die Kartonwand fast berühren.
An Tagen mit hohem Luftdruck wird die Luft im Glas zusammengedrückt – und der Stroh»zeiger« hebt sich. Bei niedrigem Luftdruck hat die Luft im Glas wenig Gegendruck von außen und kann sich ausdehnen – der Zeiger senkt sich entsprechend. Wie beim Feuchtigkeitsmesser kann man auch hier die Zeigeraus-

schläge des Barometers an der Kartonwand mit Skalenstrichen, Sonnen- und Wolkensymbolen markieren.

## Regenmesser: der Tropfenzähler

Nun fehlt nur noch der Regenmesser. Das Baumaterial sind zwei gleich große Plastikflaschen, von denen eine mit dem Messer in der Mitte durchgeschnitten wird. Anschließend legt man die beiden Flaschen »Schnute an Schnute« mit den Tüllen aufeinander und fixiert sie in dieser Haltung mit Klebeband. Auf die untere unzerschnittene Flasche wird, vom Flaschenboden ausgehend, mit Filzstift eine Zentimeterskala aufgetragen. Das ganze Arrangement wird nun senkrecht mit Draht oder Bindfaden so an einem Zaunpfahl befestigt, dass die aufgeschnittene Flasche wie ein Trichter himmelwärts zeigt. Von nun an fängt der Regenmesser zuverlässig das Regenwasser auf und zeigt die Niederschlagsmenge an der Zentimeterskala an: 1 cm Wasserpegel in der Flasche entspricht zehn Litern Niederschlagsmenge pro Quadratmeter.

## Der Rest vom Nest

Im Spätherbst, wenn die meisten Bäume sich entblättert haben,

werden all die Vogelnester sichtbar, die im Sommer hinter dem Laub versteckt waren. In Kindergeschichten wird gerne erzählt, das Nest sei das Bett der Vögel. Irrtum! Nester sind eher so etwas wie die Kinderzimmer der Vogelwelt; hier wird nämlich meist nur der Nachwuchs aufgepäppelt. Die wenigsten Vögel schlafen in ihrem Nest, die meisten suchen sich zum Schlafen einfach ein sicheres Plätzchen und machen es sich in ihrem körpereigenen Federbett gemütlich, das sie ja immer bei sich

**Alter:** ab 4 Jahren
**Material:** Lupe, Gummihandschuhe
**Schwierigkeitsgrad:** leicht; allerdings ist elterliche Beratung willkommen, um »Wegwerfnester« sicher von »Dauerwohnungen« zu unterscheiden

tragen: Sie plustern das Gefieder auf und stecken den Kopf unter die Schulter. Die Nester einiger Vogelarten werden länger als eine Saison zum Brüten benutzt; die kleinen Hohlkugeln der Zaunkönige und die großen Bauwerke der Elstern und Krähen gehören dazu. Die meisten Vögel aber bauen jedes Jahr ein neues Nest. Man kann also die mehr oder weniger zerfledderten Reste der vergangenen Saison besten Gewissens mit nach Hause nehmen und dort genau untersuchen.

Kleinere Kinder freuen sich einfach an den eigenartigen Gebilden, wollen sie anfassen und auch mal zerpflücken (für solche Sezierarbeiten sollte man allerdings Gummihandschuhe anziehen, Vogelnester sind meist voller Vogelflöhe und Milben).

Größere Kinder begnügen sich nicht mit dem Staunen allein, sie wollen den Dingen auf den Grund gehen: Woraus hat der Vogel sein Nest gebaut? Wie viele verschiedene Materialien hat er verwendet? Wie hat er es geschafft, dass sein Nest nicht vom Ast kippt? Hat er es irgendwie an den Ästen und Zweigen verankert? Hat er sein Bauwerk getarnt? Und wie hat er das angestellt? Welche Polsterung hat er verwendet?

Ältere Kinder können auch schon mit Entdeckungen umgehen, die nachdenklich stimmen: Sie werden auch mal ein Vogelnest in der Hand haben, in das Plastikfetzen verbaut sind; andere Nester enthalten vielleicht Papierschnipsel oder sogar Glaswolle. Das Papier mag noch ein unschädliches Novum im Baumarkt der Vögel sein, aber Glaswolle kann die nackten Nestlinge schwer verletzen, und Plastikfetzen verhindern, dass das Wasser abfließt, und machen die Nestmulde zur nasskalten Badewanne. Für uns mag herumflatternder Müll nur ärgerlich sein, für Vögel kann er lebensgefährlich werden.

## Abflug marsch!

Was haben Ahorn, Esche, Ulme und Linde gemeinsam? Der Nachwuchs aller vier Baumarten ist ganz schön abgehoben: Sie und viele andere Pflanzen breiten sich nämlich aus, indem sie ihre Samen per Luftfracht auf

1 Viele Bäume schicken ihre Samen auf Reisen. Zu den besten Fliegern gehören die Samen des Bergahorns.

2 Aus einem Blatt Schreibpapier lässt sich ein einfaches Modell eines Flugsamens falten: Eine Papierpyramide (Anleitung s. S. 119) wird mit einem leichten Gewicht behängt und auf die Reise geschickt – am besten von einem hohen Balkon aus. Wessen »Samen« fliegt am weitesten?

**Alter:** ab 8 Jahren
**Material:** Papier, Schere, Faden, Klebstreifen, Büroklammern; eventuell Farbstifte
**Schwierigkeitsgrad:** erfordert ein wenig Fingerfertigkeit

Reisen schicken. Ihre Samen sind mit Flugsäumen, propellerartigen Gebilden, federleichten Haartuffs oder Tragschirmen ausgerüstet, die dafür sorgen, dass die Früchte möglichst lange in der Luft bleiben und erst ein gutes Stück vom Mutterbaum entfernt wieder den Erdboden erreichen. Würden die Jungpflanzen direkt unter den Elternpflanzen keimen, würden sie ihnen nur Konkurrenz um Nahrung und Wasser machen. Da ist es doch besser, man geht ein bisschen auf Distanz – mit Hilfe der Flugfortsätze.

Bei Windstille sinken beispielsweise Ulmensamen dank ihrer beiden »Flügelohren« nur um 67 cm pro Sekunde, Löwenzahnsamen bremsen ihren Fall auf 33 cm pro Sekunde, die wolligen Zitterpappelsamen gar auf 11 cm pro Sekunde. Das ist schon recht beachtlich, gilt aber wie gesagt für Windstille – und wann herrscht schon mal richtige Windstille? In der Regel ist die Luft immer ein wenig in Bewegung. Und so werden die Samen auf ihrem langen Weg Richtung Erdboden fast immer von einem Lufthauch, einer Brise, einer Bö erfasst und fortgetragen.

## Flugsamen selber bauen

Es ist gar nicht so schwer, einen kleinen Fallschirm nach dem Vorbild der Löwenzahnsamen selbst zu bauen. Ein Blatt Schreibpapier wird zunächst einmal der Breite nach gefaltet. Dann werden die Seiten noch einmal zum Mittelfalz hin geknickt, sodass eine pfeilartige Figur entsteht. Jetzt wird das Ganze am Mittelfalz wie ein Buch zusammengeklappt und etwa 10 cm oberhalb der Spitze so abgeschnitten, dass die beiden längeren Dreiecksseiten gleich lang sind. Klappt man das Papier nun auseinander, ist die Grobform des Fallschirms schon zu erkennen.

Nun die beiden offenen Kanten mit Klebestreifen zusammenkleben und zwei Fadenstücke diagonal so an den Ecken des Fallschirms ankleben, dass sie unterhalb des Fallschirms als Schlaufen herabhängen. Dann in die beiden überkreuz verlaufenden zusammengenommenen Schlaufen eine Büroklammer einhängen, in die weitere Büroklammern als Gewicht eingehakt werden können. Wie viele Büroklammern es sein müssen, hängt unter anderem von der Größe des Fallschirms und dem Gewicht der Fäden ab.

Je leichter der Fallschirm ist, desto weiter schwebt er. Am besten, man tüftelt ein bisschen daran herum, bis man die flugfähigste Kombination gefunden hat. Designer können den Fallschirm noch bunt anmalen oder statt der banalen Büroklammern ein winziges Eichelmännchen mit Zahnstocherarmen und -beinen und einem aufgemalten Gesicht daranhängen.

# Winter – Polarforscher unterwegs

*Schnee ist ein eigenartiger Stoff. Schnee verschleiert und enthüllt, kühlt und wärmt, kann Leben bedrohen, aber auch Leben retten. Es ist immer wieder faszinierend, sich anzusehen, wie sich Lebewesen – auch wir Menschen – auf Schnee und Kälte einstellen und damit umgehen.*

## Kuschelnest im Schnee

Wenn es im Gebirge so richtig knackend kalt ist und die Temperaturen bis auf 30 Grad unter null absinken, wenn der Wind um die Felsen pfeift und den Schnee vor sich her peitscht, dann können nicht einmal Schneehühner im Freien überleben. Und tatsächlich ist am Morgen nach einer stürmischen Bergnacht von den Hühnern nichts mehr zu sehen. Sind sie erfroren? Hat der Schnee ihre erstarrten kleinen Körper zugedeckt? Von wegen! Die Hühner sind nur abgetaucht. Sie haben nämlich eine geniale Methode, solchen Wetterlagen zu trotzen: Sie graben Höhlen in den

**Alter:** ab 6 Jahren
**Material:** Thermometer, Schneeschaufel, Gießkanne
**Schwierigkeitsgrad:** erfordert Ausdauer; eventuell sollten Erwachsene bei den Bauarbeiten helfen

Schnee, die zunächst steil abfallen und dann ein Stück weit parallel zur Oberfläche verlaufen. Diese Schneehöhlen heizen sie mit ihrer eigenen Körperwärme so weit auf, dass es darin geradezu kuschelig warm wird. »Warm« bedeutet bei –30 °C Außentemperatur zwar nur eine Schneehöhlentemperatur von –10 °C, aber für die Schneehühner, die buchstäblich bis an die Zehen in Federn eingepackt sind, ist das schon ein komfortables Schlafklima.

So paradox es klingt: Schnee ist ein ausgezeichneter Kälteschutz. Mit einem Thermometer lässt sich das leicht überprüfen. Man muss nur eine kleine Höhle in den Schnee bauen, so ähnlich wie Schneehühner sie anlegen würden, ein Thermometer hineinlegen und nach ein paar Minuten die Temperatur ablesen. Anschließend wird das Thermometer nebenan aufs freie Feld gelegt und dort die Temperatur gemessen: Um wie viel ist es auf der ungeschützten Freifläche kälter als in der Schneehöhle?

Um 10 °C? Oder sogar um 15 °C? Und wie sieht es an anderen Stellen im Freiland aus? Wie kalt ist es am Rand der Hecke? Mitten in der Hecke? Dicht am Stamm einer Fichte? Auf der Wiese, wo der Wind drüberpfeift? Im Schutz einer Schneewechte? Wohin würden wir uns wohl zurückziehen, wenn wir Schneehühner wären und im Freien übernachten müssten? Nach ein paar Vorübungen können die Kinder ihre Tipps abgeben, wo die Temperaturen wohl am höchsten sein dürften, wo ein Wildtier also am liebsten die Nacht verbringen würde. Beim anschließenden Check mit dem Thermometer wird sich zeigen, wer mit seinen Vermutungen richtig lag.

## Schlafen wie ein Schneehuhn

Der krönende Abschluss ist – was sonst? – das eigene Iglu. Für ein Iglu in Schnellbauweise braucht man nur eine Schneeschaufel, eine Gießkanne und starke Muskeln: Am Abend vor einer Frostnacht wird Schnee zu einem möglichst großen Haufen zusammengeschaufelt und mit der Gießkanne begossen. Hat der Schneeberg eine harte Eisschale bekommen, kann man

1

2

1 Ungelogen: Im Inneren eines Iglus ist es immer ein paar Grad wärmer als draußen.

2 Aber Wissenschaftler messen den Temperaturunterschied natürlich genau nach!

sich daranmachen, den weichen Kern herauszukratzen. Der Innenraum wird mit einem Fußbodenbelag aus ein paar Fußmatten oder einem Teppichrest ausstaffiert. Teelichter, in ausgehöhlte Schneebälle gestellt, liefern die passende stimmungsvolle Beleuchtung. Ist das Iglu richtig gebaut, kann es im Inneren um 15 °C wärmer sein als draußen auf dem freien Feld! Mit guten Schlafsäcken und komfortablen, dicken Isomatten können abgehärtete Naturen in so einem Iglu sogar übernachten!

## Ballonfahrt

Dunkle Farben nehmen viel mehr Wärme auf als helle. Das weiß jeder, der sich einmal auf schwarze Autositze gesetzt hat, nachdem das Auto eine Stunde in der Sommersonne stand. Autsch!

Aber was heißt »viel mehr Wärme« eigentlich genau? Dass dunkle Farben Wärme schlucken, muss man nicht mit komplizier-

**Alter:** Kinder ab 6 Jahre haben Spaß, bei dem Ballonversuch zuzusehen; ältere Kinder ab etwa 8 Jahren können die Versuche mit Anleitung selbst aufbauen

**Material:** ein Plastiksack (z. B. Müllsack) aus dünner schwarzer Folie, Nylonschnur, 2 Nylontüten, schwarzer wasserfester Filzstift, ein Badethermometer

**Schwierigkeitsgrad:** leicht

1 Warum sind so viele Skianzüge schwarz? Vielleicht, weil dunkle Farben mehr Wärme schlucken als helle – und Wärme ist im Winter immer gut.

2 Der Täter ist überführt: eindeutig ein Eichhörnchen.

3 Wer hat die Nüsse skalpiert? Hier waren Mäuse am Werk.

ten Messgeräten in Labors nachmessen, das lässt sich mit einem ganz einfachen Experiment beweisen: Eine von zwei gleich großen Tüten aus dünner Plastikfolie wird mit einem wasserfesten Filzstift komplett schwarz angemalt. Dann werden beide Tüten mit genau gleich viel und gleich warmem Wasser gefüllt und gut verschlossen. Die beiden Tüten werden anschließend an einem zugluftgeschützten Platz auf einer isolierenden Unterlage etwa eine Stunde lang in der Wintersonne liegen gelassen. Nach diesem Sonnenbad macht sich der Temperaturunterschied in den Tüten schon so stark bemerkbar, dass er mit einem Badethermometer messbar ist.

## Höhenflug in Schwarz

Noch besser und spektakulärer aber kann man an kalten, sonnigen Wintertagen mit einem schwarzen Müllsack demonstrieren, dass dunkle Farben Wärme schlucken: Der Plastiksack aus möglichst dünner, schwarzer Folie wird aufgeblasen, mit einer Nylonschnur zugebunden und auf einer wärmeisolierenden Unterlage, zum Beispiel auf einem Holzbrett, in die Sonne gelegt. Das andere Ende der Nylonschnur befestigt man an einem Haken oder Nagel. Ist die Folie dünn und der Sack leicht genug, dauert es nur wenige Minuten, bis der selbst gebaute Fesselballon wie von Geisterhand anfängt sich zu regen und lang-

sam aufsteigt. Was genau ist da vor sich gegangen? Die Luft im Ballon hat sich erwärmt, weil die schwarze Hülle Wärme aufgenommen und nach innen weitergeleitet hat. Und da die warme Luft aufsteigen »möchte«, aus dem Plastiksack aber keinen Ausweg findet, hat sie sich samt Ballon auf den Weg nach oben gemacht.

Es macht Spaß, zu beobachten, wie sich der Ballon dort oben in der Winterluft benimmt. An wolkendurchsetzten Sonnentagen zeigt er jede kleine Wolke vor der Sonne gewissenhaft an: Jedes Mal, wenn die Sonneneinstrahlung nachlässt, sackt er ein wenig ab; sobald er von Sonnenstrahlen getroffen wird, steigt er

**Alter:** ab 6 Jahren
**Material:** Pinzette, Lupe,
Bestimmungsbuch für Tier-
spuren
**Schwierigkeitsgrad:** leicht

wieder nach oben. Würde man die Nylonschnur nicht festbinden, würde der Ballon mit dem Wind davonschweben und erst nach Sonnenuntergang irgendwo zu Boden gehen.

## Die Leute von der Spurensicherung

Wer behauptet da, im Winterwald gebe es nichts zu sehen? Im Gegenteil: Der Wald im Winter ist genau der richtige Einsatzort für die Leute von der Spurensicherung.
Von wem stammen zum Beispiel diese seltsamen Gebilde, die in Mengen unter manchen Bäumen herumliegen? Wenn sie etwa so lang sind wie ein Kinderfinger, daumendick und grauschwarzhaarig wie verklebter Filz, dann sind das die **Gewölle von Eulen** – meistens Waldohreulen –, die sich im Winter zum Schlafen gerne in bestimmten Übernachtungsbäumen treffen. Es lohnt sich, eine Handvoll davon mitzunehmen und zu Hause aufzupulen. Keine Angst, Gewölle sind überhaupt nicht eklig; sie stinken nicht und sind nicht schlei-

mig, sie fühlen sich nur an wie feuchter Filz. In den Haarfilz eingepackt finden sich eine Menge kleiner Knöchelchen – die Überreste der Eulenmahlzeiten. Eulen haben nämlich die Eigenart, dass sie die Knochen ihrer Beutetiere nicht mitverdauen.

### Verräterische Spuren

Und wer hat diese **Fichtenzapfen** so zerknabbert? Sind die Zapfenschuppen der Länge nach aufgeschlitzt, war hier ein Fichtenkreuzschnabel am Werk. Holen dagegen Eichhörnchen die Samen aus den Zapfen, beißen sie die Schuppen ab, lassen aber noch kurze abgerissene Fasern stehen. Wenn aber Mäuse die Samen geerntet haben, sind die Zapfenschuppen bis auf den Grund abgebissen, und vom Zapfen bleibt nur eine dünne Spindel übrig. Ein Specht wiederum würde den Zapfen einklemmen und die Samen einfach heraushacken, ohne sich groß mit

den Schuppen aufzuhalten. Darum sehen Spechtzapfen ziemlich zerfleddert aus.Nagespuren verraten auch, wer **Haselnüsse** aufgeknabbert hat. Hat die Nussschale nur ein millimetergroßes kreisrundes Loch, dann hat sich hier ein Haselnussbohrer betätigt. Das ist ein nicht mal zentimetergroßer Rüsselkäfer, der seine Eier in junge, noch weiche Haselnüsse legt, sodass die Larven sozusagen in der Speisekammer aus dem Ei schlüpfen. Das Loch stammt nicht vom Käfer selbst, sondern von seiner Larve, die das Innere leer gefressen hat und anschließend ins Freie wollte.
Ist die Haselnussschale großflächig weggeknabbert, dann haben sich Mäuse mit den Nüssen den Bauch vollgeschlagen. Wer genau hinsieht, kann sogar die Spuren ihrer kleinen Zähne in der Nussschale erkennen.

### Versalzene Fichten

Wenn Glatteis droht, greifen die Straßenmeistereien immer noch zu einem alten, wenn auch (siehe unten) sehr umstrittenen Mittel: Sie streuen Salz – zumindest auf Autobahnen. Und der Effekt lässt nicht lange auf sich warten: Das Salz bewirkt, dass in kurzer Zeit aus der spiegelglatten Fahrbahn wieder eisfreier Asphalt wird. Nur ein Feuchtig-

123

**Alter:** ab 8 Jahren
**Material:** 3 leere Joghurtbecher, Wasser, Salz, Teelöffel, wasserfester Filzstift
**Schwierigkeitsgrad:** leicht

keitsfilm erinnert noch an die überstandene Glatteisgefahr. Was hat sich da abgespielt? Am besten, man probiert es selbst aus. Drei gleich große Joghurtbecher werden mit genau gleich viel zimmerwarmem Wasser gefüllt. Dann gibt man in einen der Becher einen Teelöffel Salz, in den zweiten Becher zwei Teelöffel Salz, der dritte bleibt salzfrei (bitte unbedingt am Becherrand markieren, wo wie viel Salz zugegeben wurde!). Dann rührt man gut um, bis sich alles gelöst hat, und stellt die drei Becher für eine Weile in die Tiefkühltruhe.

Nach etwa einer halben Stunde zeigt sich, was das Salz im Wasser bewirkt: Im salzfreien Joghurtbecher hat sich schon eine dünne Eisschicht gebildet. In dem Becher, in dem ein Teelöffel Salz gelöst wurde, schwimmen vereinzelte Eisnadeln. Doch der Joghurtbecher, in den zwei Teelöffel Salz eingerührt wurden, ist noch völlig eisfrei. Wasser, in dem ein Stoff gelöst worden ist, hat nämlich *immer* einen niedrigeren Gefrierpunkt als reines Wasser ohne Beimischungen. Auf die vereisten Autobahnen

**1** *Bäume halten überhaupt nichts von Streusalz: Der Fichtenzweig, der in der Salzbrühe stehen musste (rechts), ist schwer lädiert. Dem ungesalzenen Zweig dagegen geht es prächtig (links).*

**2** *So haben unsere Großeltern ihre Eiscreme hergestellt: Die Schüssel mit der Creme in eine Schnee-Salz-Mischung stellen, umrühren, gefrieren lassen – und aufessen!*

übertragen heißt das: »Gesalzen« hat das Niederschlagswasser auf der Straße einen niedrigeren Gefrierpunkt als ohne Salz. Aus Eis oder Schnee wird also wieder Wasser. Erst bei deutlich tieferen Temperaturen ist selbst die »eingesalzene« Straße wieder in Gefahr zu vereisen. Streusalz auf den Straßen schien lange ein probates Mittel, um die Gefahr winterlicher Verkehrsunfälle zu vermindern, doch dann zeigte sich, dass Salz in der Pflanzenwelt Verheerendes anrichtet. Die Bäume an den Straßenrändern kränkelten, verloren zum Teil schon im Frühsommer das Laub, einzelne Äste starben ab, und schließlich gingen ganze Bäume zugrunde. Salz hungert Pflanzen aus und lässt sie verdursten. Mit einem einfachen Experiment kann man die Vorgänge in einem Baum am Straßenrand selbst nachvollziehen: Zwei Fichtenzweige werden in leere Marmeladengläser gestellt. Eines der beiden Gläser wird mit reinem Wasser gefüllt, das andere mit einer Salzlösung. Nach ein paar Tagen zeigt der eine Fichtenzweig deutlich, was er von der Salzbrühe hält ...!

## Salz macht cool

Jeder weiß, was passiert, wenn man Salz ins Wasser streut und umrührt: Das Salz löst sich, das Wasser wird zur Salzbrühe. Aber

**Alter:** ab 8 Jahren
**Material:** ein Becher kalte Milch, etwa ein Esslöffel kakaohaltiges Getränkepulver, 2–3 Esslöffel geschlagene süße Sahne, Kochsalz, Schnee, eine große Schüssel, eine kleine Schüssel, Rührgerät, Kochlöffel
**Schwierigkeitsgrad:** mittelschwer

längst nicht jeder weiß, dass diese Salzbrühe deutlich kälter ist als das Wasser zuvor! Das Salzlösen kostet nämlich eine Menge Energie – oder Wärme –, und die holt sich das Salz aus dem umgebenden Wasser. Die Folge: Das Wasser wird kälter.

Diese Eigenart von Salz kann sehr nützlich sein. Wer Lust hat, kann nämlich ein Gemisch aus Salz und Schnee als Natur-Gefrierschrank benutzen und darin selbst gemachtes Schokoladeneis entstehen lassen. Es geht ganz einfach: Aus Milch und dem Kakaogetränkepulver wird zunächst ein Schokoladendrink gemixt – er darf ruhig ein bisschen süßer sein als sonst. Dann wird die Sahne steif geschlagen und vorsichtig unter den Drink gehoben. Bitte nicht ein*rühren*, sonst verflüssigt sich die Sahne sofort wieder!

Würde man diese Mischung bei etwa 0 °C einfach hinaus in den Schnee stellen, bekäme man zwar eine gut gekühlte Schokocreme – aber noch lange kein Eis. Erst mit Salz funktioniert die

Sache: In die große Schüssel kommt zuunterst eine dünne Schicht Salz, darüber eine Schicht Schnee, dann wieder eine Lage Salz, darüber wieder Schnee ... Wenn die große Schüssel etwa halb voll mit der Schnee-Salz-Mischung ist, wird die kleine Schüssel mit der Schokomischung hineingestellt. Die Zwischenräume zwischen der kleinen Schüssel mit der Schokocreme und der großen Schüssel wieder abwechselnd mit Schnee und Salz auffüllen und abwarten. Nach einer Weile schmilzt der Schnee (»gesalzener« Schnee hat ja einen tieferen Gefrierpunkt als Wasser; im Versuch »Versalzene Fichten« ist das erklärt) und kühlt dabei deutlich ab, und das hat zwei Gründe: Zum einen verbraucht das Salz Wärme, wenn es sich löst, zum anderen verbraucht Schnee Wärme, wenn er schmilzt. Dieser zweifach ausgelöste Temperatursturz in der großen Schüssel führt dazu, dass die Schokocreme gefriert.

Aber jetzt Schluss mit der Theorie und Löffel raus! Das Schokoeis ist fertig!

## Literatur über Naturerfahrung

ALTMANN, HORST:
Giftpflanzen, Gifttiere. BLV-Verlag, München 2004.

BEZDEK, URSULA, MONIKA UND PETRA:
Mit Kindern durchs Jahr: Winter. Don Bosco Verlag, München 2001.

BEZZEL, EINHARD:
BLV Handbuch Vögel. BLV-Verlag, München 2006.

CORNELL, JOSEPH:
Naturerfahrungsspiele für Kinder und Jugendliche, der Sammelband. Verlag an der Ruhr 2006.

DIERL, WOLFGANG:
Insekten. Libellen, Käfer, Schmetterlinge und andere. BLV-Verlag, München 2005.

DIETZEN, THIELE:
»Jugend erlebt Natur«. Weitbrecht Verlag, Stuttgart 1993.

EISENREICH, WILHELM, ALFRED HANDEL UND UTE E. ZIMMER:
Der Tier- und Pflanzenführer für unterwegs. BLV-Verlag, München 2007.

ERKERT, ANDREA:
Raus in den Wald! Spiele und Ideen rund um Wald und Wiese. Herder Verlag, Freiburg im Breisgau 2006.

FÄDRICH, JANA, UND MARION LOWENFELD:
Kinder, Umwelt und Natur. Ravensburger Buchverlag Otto Maier GmbH 1994.

INSTITUT FÜR BILDUNG UND ENTWICKLUNG IM CARITAS-VERBAND DER ERZDIÖZESE MÜNCHEN UND FREISING E. V. (HRSG.):
Naturerfahrung im Kindergarten. Don Bosco Verlag, München 2000.

KERSBERG, HERBERT, UND ULLA LACKMANN (HRSG.):
Spiele zur Natur- und Umwelterfahrung. Verlag Verband Deutscher Schullandheime, Dortmund 1994.

LANG, ANGELIKA:
Spuren und Fährten unserer Tiere. BLV-Verlag, München 2006.

MIKLITZ, INGRID:
Der Waldkindergarten. Dimensionen eines pädagogischen Ansatzes. Cornelsen Verlag Scriptor 2006.

SCHALLER, BEATE:
Unsere Welt ist voller Wunder. Mit Stilleübungen durch das Kindergarten-Jahr. Kösel Verlag, München 2000.

SINGEISEN-SCHNEIDER, V.:
Tausendundeine Entdeckung. Natur erleben durchs ganze Jahr. Eine Ideensammlung für jeden Monat. Atlantis Verlag, Orell Füssli 2002.

STRAASS, VERONIKA, UND CLAUS-PETER LIECKFELD:
Singvögel. Der etwas andere Naturführer. BLV-Verlag, München 2005.

STRAASS, VERONIKA:
Das große BLV Naturbuch. Tiere und Pflanzen entdecken, beobachen, erleben. BLV-Verlag, München 2006.

WIDMAYR, CHRISTIANE, UND ANNELIESE KOMPATSCHER:
Kinder und Gärten. BLV-Verlag, München 2005.

WILKEN, HEDWIG:
Kinder werden Umweltfreunde. Umweltbildung in Kindergarten und Grundschule. Don Bosco Verlag, München 2002.

Für Ella und Alma

## Bibliographische Information der Deutschen Bibliothek

Die Deutsche Bibliothek verzeichnet diese Publikation in der Deutschen National-bibliographie; detaillierte bibliographische Daten sind im Internet über http://dnb.ddb.de abrufbar.

## BLV Buchverlag GmbH & Co. KG

80797 München

© 2008 BLV Buchverlag GmbH & Co. KG, München

Das Werk einschließlich aller seiner Teile ist urheberrecht-lich geschützt. Jede Verwer-tung außerhalb der engen Grenzen des Urheberrechts-gesetzes ist ohne Zustimmung des Verlags unzulässig und strafbar. Das gilt insbesondere für Vervielfältigungen, Über-setzungen, Mikroverfilmungen und die Einspeicherung und Verarbeitung in elektronischen Systemen.

**Bildnachweis:**

Fotos Anneliese Kompatscher, außer den im Folgenden genannten

Angermayer: S. 62r
Angermayer/Pfletschinger:
  S. 45r, 48l, 97, 101r, 104
Arco/Frank R.: S. 122l
Bellmann: S. 46o, 55r
Blickwinkel/Hecker: S. 87
Breuer: S. 65
Eisenbeiss: S. 112r
Foto Alex: S. 11
Getty/D.de Lossy: S. 20r
Juniors Bildarchiv: S. 37
Lieckfeld: S. 73
Limbrunner: S. 43r, 44, 45l, 46u, 53l, 91, 109
Niehoff: S. 69, 96, 105l
Pforr: S. 25l, 42, 68, 80, 99l, 101l, 111, 123
Reinhard: S. 60, 85r, 108, 118, 121l, 122r
Vilcinskas: S. 54
Willner: S. 19, 53r
Wothe: S. 58r, 61l, 94r, 110r, 113, 115l
Zeininger: S. 17, 31, 43l, 50r

**Grafiken:**
Sandra Menke, Osnabrück

Umschlaggestaltung:
  Anja Masuch, Fürsten-feldbruck

Umschlagfotos:
  Vorderseite: Gettyimages/ Westend 61
  Rückseite: Anneliese Kompatscher

Lektorat:
  Dr. Friedrich Kögel,
  Dr. Eva Dempewolf

Herstellung:
  Angelika Tröger

Layoutkonzept Innenteil:
  Sabine Fuchs, fuchs_design, München

Layout und Satz:
  Uhl + Massopust GmbH, Aalen

Gedruckt auf chlorfrei gebleichtem Papier

Printed in Germany
ISBN 978-3-8354-0225-6

# Eine kleine Auswahl aus unserem Programm

Dr. med. Heike Kovács
**Handbuch Kinderkrankheiten**
Richtige Diagnose – schnelle Hilfe:
die häufigsten Kinderkrankheiten mit
Ursachen, Symptomen, schulmedizini-
schen und alternativen Behandlungs-
methoden, Selbsthilfe und Vorbeugung;
mit Natur- und Hausmitteln, Erster
Hilfe, Impfungen usw.
*ISBN 978-3-8354-0247-8*

Dr. Beate Fessler
**Handbuch**
**Schwangerschaft und Geburt**
Kompetent, sachlich, ehrlich – das
fundierte Handbuch; Schwangerschaft
im Detail: was genau in jedem der neun
Monate passiert; die werdende Mutter:
Ernährung, Körper und Seele, Partner-
schaft; Geburt, Wochenbett, Stillen,
die erste Zeit zu Hause, Beruf.
*ISBN 978-3-405-16929-9*

Dr. med. Heike Kovács/
Birgit Kaltenthaler
**Handbuch Kindererziehung**
Alle Aspekte der Kindererziehung vom
Babyalter bis zum Beginn der Pubertät;
Antwort auf wichtige Erziehungsfragen,
Hilfe bei typischen Alltagsproblemen.
*ISBN 978-3-8354-0293-5*

Jenifer Calvi
**Das Baby ist da!**
Alle Themen rund um Ernährung, Pflege,
Gesundheit, Entwicklung, Erziehung,
Recht – umfassend, nach neuestem
Stand der Medizin, mit Expertentipps.
*ISBN 978-3-8354-0006-1*

Siegbert Engel/Don Chen
**Lernerfolg und Lebensfreude**
**für mein Kind**
Gezielte Bewegungsübungen für Konzentration, Gelassenheit und Selbstbewusstsein in Schule und Alltag.
*ISBN 978-3-8354-0296-6*

Veronika Straaß
**Mit Kindern die Natur entdecken**
Eine Fülle von Vorschlägen für Spiele und
Spaß, für das ganze Jahr und für verschie-
dene Altersgruppen; spielen, basteln,
beobachten und experimentieren; geeig-
net für Kinder im Alter von 4 bis 12 Jahren.
*ISBN 978-3-8354-0225-6*

**Die zuverlässigen Berater**

**BLV Bücher bieten mehr:**

- mehr Wissen
- mehr Erfahrung
- mehr Innovation
- mehr Praxisnutzen
- mehr Qualität

Denn 60 Jahre Ratgeberkom-
petenz sind nicht zu schlagen!

Dass Sie sich gut beraten fühlen –
das ist unser Ziel. Falls Sie Fragen
und/oder Anregungen haben,
schreiben Sie uns bitte:

**BLV Buchverlag GmbH & Co. KG**
Lektorat · Lothstraße 19
80797 München
Postfach 40 02 20
80702 München
Telefon 089/12 02 12-0 · Fax -121
E-mail: blv.verlag@blv.de

Unser Buchprogramm umfasst
über 750 Titel zu den Themen
**Garten · Natur · Heimtiere · Jagd ·**
**Angeln · Sport · Golf · Reiten ·**
**Alpinismus · Fitness · Gesundheit ·**
**Kochen.** Ausführliche Informationen
erhalten Sie unter **www.blv.de**

**MEHR ERLESEN!**